Peter Hübner

Prolegomena zu einer Christlichen Psychologie

Impressum:
ISBN 3-925 968-26-1

Satz & Druck:
Jaspis Druck- und Verlags- GmbH
8904 Friedberg / Bayern

Umschlaggestaltung:
Image Design
A. Fietz
8910 Landsberg

INHALTSVERZEICHNIS

Vorbemerkung – Der pragmatische Rahmen . . 6

A Auf den ersten Blick –
Christliche Psychologie und Psychomarkt 8

B Status quo –
Psychologie heute und wie es dazu kam 15

BI Menschenbilder der Psychologie 21

BI1 Mechanistische Psychologie
("Harder" Materialismus) 21

BI1.1 Der Mensch – Fehltritt der Evolution 21

BI1.2 Die Person – Dauereinrichtung zur
Kompensation von Störungen 23

BI1.2.1 Intelligenz aus Versuch und Irrtum –
Lernen und Denken 24

BI1.2.2 Moral als Triebkanalisation 29

BI1.3 Der Proband –
der psychologiegerechte Mensch 31

BI1.4 Analyse der Mechanistischen Psychologie 33

BI1.4.1 Das Physiko-zentrische Weltbild 33

BI1.4.2 Verhaltensbeschreibung im
Physiko-zentrischen Weltbild 36

BI2 Kognitive Psychologie ("Softer Materialismus") 39

BI2.1 Die "Kognitive Wende" 39

BI2.2 Artificial Intelligence – A.I. – oder die Rettung des Materialismus? 43

BI3 Das Ende des Materialismus in der Psychologie – Subjektivität als eigenständige Realität 44

BI3.1 Operationalismus – Piaget Geist als Realität zweiten Grades 46

BI3.2 Splitbrains – Ornstein Auf dem Wege zu einer vollständigen Psychologie? 50

BI3.3 System Aproach to Consciousness – frei nach Powers Bewußtsein – systemimmanent oder systemtranszendent? . . 54

BI3.4 C.G. Jung – Die Begegnung mit dem Schatten Archetypen – Nahtstelle zur Transzendenz? . . 60

BI4 Transpersonale Psychologie – Subjektives als Ausdruck einer transsubjektiven Realität 64

BII Psychologische Intervention 71

BII1 Machbarkeit durch Reduktion – Intervention im Materialismus – Der Reparaturgesichtspunkt und seine Konsequenzen 74

BII2 Machbarkeit durch Bewußtseinserweiterung – Intervention im Spiritualismus – Der Selbsterlösungsgesichtspunkt und seine Konsequenzen 83

C In statu nascendi – Christliche Psychologie als konsequente Durchführung des empiristischen Paradigmas – eine vergleichende Betrachtung 94

CI Fakten, Theorie und Rahmenmetaphysik – Weltbild "von außen". Vergleichende Betrachtung von Konventioneller Psychologie und Christlicher Psychologie 97

CII Fakten, Theorie und Rahmenmetaphysik – Weltbild "von innen". Vergleichende Betrachtung von Konventioneller Psychologie und Christlicher Psychologie 106

CIII Intervention. Vergleichende Betrachtung von Konventioneller Psychologie und Christlicher Psychologie 113

CIV Intersubjektivität und Werte Vergleichende Betrachtung von Konventioneller Psychologie und Christlicher Psychologie 119

CV Der wissenschaftliche Rahmen der Christlichen Psychologie – Zusammenfassung 129

Literaturverzeichnis 131

VORBEMERKUNG –
Der Pragmatische Rahmen

Am 4. Januar 1986 konstituierte sich IGNIS – die "Deutsche Gesellschaft für Christliche Psychologie".

Die Gesellschaft besteht im wesentlichen aus Diplompsychologen und Medizinern, die sich zum Ziel gesetzt haben, in ihrer theoretischen und praktischen Tätigkeit die christliche Botschaft nicht nur als ethische Maxime zu akzeptieren oder hie und da in Einzelgesprächen oder Vorträgen als eine für jedermann erstrebenswerte Sinngebung des Daseins zu präsentieren, sondern die biblische Aussage in ihrer Totalität zum Fundament ihrer Arbeit zu machen, auch für die Therapie. Auch für Strategie und Ziel der Forschung.
Das erfordert die Perfektionierung einer in Ansätzen schon vorhandenen wissenschaftlichen Kompetenz in diesem Bereich, im Widerstand gegen einerseits mechanistisch-inhumane andererseits gegen spiritistisch-okkulte Trends in Psychologie und Medizin. Im gleichen Zuge sollte jedoch ein Konzept entstehen, das klare Wege und Möglichkeiten aufzeigt, wie eine Synthese von Evangelium und Psychologie zu denken ist – weit weg von einer Psychologisierung biblischer Wahrheiten oder einer christlichen Verzierung psychologischer Modelle (wie schon oft gehabt).

Die folgenden Ausführungen verstehen sich als eine erste Annäherung an diese Aufgabe – noch kein Programm. Aber vielleicht eine brauchbare Diskussionsgrundlage. Die manchmal etwas pointiert dargestellten Thesen sind als "Aufreißer" gedacht. Auch zur Entfernung von Einstellungsschranken, die uns als das "typisch psychologische Denken" oft zur zweiten Natur geworden sind, die aber auch über Generationen von Psychologen hinweg die Erbmatrix des Fachidioten markieren.

Wir wollen uns dem eigentlichen Gegenstand dieser Skizze, der Christlichen Psychologie, vorsichtig nähern, ihn quasi langsam einkreisen. Das ist möglich, weil alles, was diese Christliche Psychologie wissenschaftstheoretisch charakterisiert, bereits in der konventionellen Wissenschaft angelegt ist (zum Teil aber nur implizit oder sogar uneingestanden).

Es soll also nicht eine Christliche Psychologie einfach aus dem Boden gestampft werden, als Gegenposition zur Wissenschaft schlechthin oder vielleicht sogar zum Verstand (wie uns manche sicherlich unterstellen wollen), sondern es soll gezeigt werden, daß schon geringfügige Modifikationen konventioneller wissenschaftlicher Konstruktionsprinzipien, oft auch nur die konsequente Durchführung eines bereits verwendeten Ansatzes, die Rahmenbedingungen einer Christlichen Psychologie axiomatisch absichern.
Ein entsprechender Umbruch des Wissenschaftsbegriffs, insbesondere in der Psychologie, ist gegenwärtig im Gange und bereits an der Oberfläche des Wissenschaftsbetriebs erkennbar. Damit werden wir uns im ersten Abschnitt (Christliche Psychologie und Psychomarkt) beschäftigen. Im zweiten Abschnitt (Psychologie heute und wie es dazu kam), gehen wir etwas ausführlicher auf das Selbst- und Wissenschaftsverständnis der Psychologie in der Vergangenheit und in der Gegenwart ein, um die aktuelle Situation auf ihre Entwicklungstendenzen hin untersuchen zu können. Der dritte Abschnitt (Christliche Psychologie als konsequente Durchführung des empiristischen Paradigmas) bringt die Herleitung eines Wissenschaftsbegriffs auf der Basis der vorher diskutierten Materialien, der eine Christliche Psychologie in sich aufzunehmen vermag.

A

Auf den ersten Blick – Christliche Psychologie und Psychomarkt

Ist der Terminus "Christliche Psychologie" nicht eine Ungeheuerlichkeit, genauer gesagt ein Widerspruch in sich selbst? Werden hier nicht Bereiche zusammengebracht, die in Methode und Inhalt einander abstoßen, welche die moderne Wissenschaft, spätestens seit ihrer Abnabelung von der Philosophie, fein säuberlich getrennt in zwei verschiedenen Stockwerken des Elfenbeinturms aufbewahrt?
Im Keller der normative Plunder, Werte, Tugenden, Moralisches, Metaphysik und Religion und all jene apodiktischen Botschaften, die nicht veröffentlicht, sondern verkündigt werden. Und ganz oben, weit über dem Boden, die wertneutrale Wissenschaft, das Empire des Empirismus, exakt, quantitativ bis zur Unverbindlichkeit und Sinnfreiheit, allen voran die jungen "Logien" wie Biologie, Psychologie und Soziologie oder auch in neu entdeckter historisch-kritischer Distanz die Theologie.
Alles was sich erfolgreich hinterfragen, reduzieren und relativieren läßt wandert in den Keller und ist hinfort ein Unthema. Ist da eine Christliche Psychologie nicht von vornherein unmöglich? Ist die christliche Botschaft nicht längst auf ihre psychologischen und soziologischen Wurzeln reduziert, entlarvt und entzaubert, zum Unthema geworden, bestenfalls zu gebrauchen als Sinn-Medizin für die Schwachen, die der "wissenschaftlichen Wahrheit" nicht ins Gesicht schauen können oder wollen?

Leider ist diese Auffassung inzwischen gängige Marktware, ja schon fast ein Ladenhüter. Seit die Psychologie begann, alles Transzendente auf das Niveau von Reiz-Reaktionsverbindungen und einer hydraulischen Triebdynamik herunterzumaterialisieren. Je mehr sie Erfolg hatte auf diesem Trip, je mehr es ihr gelang, Sinnhaltiges und Wertträchtiges zu trivialisieren, umso mehr geriet sie selbst unter Druck, das erzeugte Sinnvakuum wieder zu füllen. Zunächst mit den evolutionistischen Platitüden der Höherentwicklung des Menschen und seines Bewußtseins, neuerdings mit allerlei transpersonalem Beiwerk und esoterischen Anleihen bei östlicher Mystik und der okkulten Tradition der letzten Jahrtausende.
Eine Psychologie, die sich einst sogar das Nachdenken über Bewußtsein und Seele verbot und alles Subjektive aus ihrem Wortschatz verbannte, ganz zu schweigen von mystischen und transsubjektiven Determinanten unseres Verhaltens, eine Psychologie die alles in die Emigration schickte, was sich nicht in das materialistisch-naturwissenschaftliche Klischee fügte, ist auf dem besten Wege von ihren Emigranten wieder eingeholt, ja sogar aufgefressen zu werden.
Die Vertreibung des Sinns ließ sich auf dem Markt nicht durchsetzen. Man sucht eben nicht den rationalen Wissenschaftler, sondern den Guru, der nicht Erklärungen anbietet, wie es dazu kam, das es so ist, wie es ist, sondern "Reisen ins Innere", "die Begegnung mit dem Schatten", "Wiedergeburt" und "Bewußtseinserweiterung", transpersonale Mixturen aus allen Ecken der Esoterik.

Die Schulpsychologie hat diesen Trend noch nicht offiziell registriert. Sie ist inzwischen erst bei der sogenannten kognitiven Wende angelangt und untersucht ansonsten allerhand Banalitäten im menschlichen Verhalten, die sich meßtechnisch sauber darstellen lassen und die in der sterilen Atmosphäre des Elfenbeinturms keine dicke Luft erzeugen. Doch erste Keime der "New Age" – Philosophien lassen sich auch hier schon ausmachen, an der Basis, vornehmlich in den Köpfen der Studenten, die dem naturwissenschaftlichen Getue der modernen Psychologie oft verständnislos gegenüberstehen.

Das mechanistisch-naturwissenschaftliche Paradigma der Psychologie, selbst in kognitiver und kybernetischer Version, wird der spiritualen Unterwanderung nicht lange standhalten können, und sie wird im Zuge dieser Niederlage geradezu aus dem Elfenbeinturm gezerrt werden, um den religiösen Bedürfnissen einer New-Age-Generation zu dienen. Eine Psychologie , die die Vorhersagbarkeit und Machbarkeit des Menschen propagierte, die gerne als Instrument der Mächtigen interpretiert wurde, den Menschen total verfügbar zu machen, die von manchen sogar als das Resultat einer gezielten Verschwörung gegen die menschliche Freiheit und Mündigkeit erlebt wurde ("Leipzig Connection"), avanciert zum Vehikel der Selbstverwirklichung des Einzelnen, zum Wegbereiter für ein repres sionsfreies Leben, in dem die Maximierung der Genußfähigkeit und des Genießens oberstes Ziel ist.

Wie stehen wir als Christen zu diesem Paradigmenwechsel, wie müssen wir diesen Schritt von den Machern zu den Träumern deuten?
Kann man hier wirklich eine höhere Stufe des menschlichen Selbstverständnisses entdecken oder ist das wieder nur ein neuer Selbstbetrug?
Oder, anders gefragt, können wir als christliche Psychologen uns in dieser neuen Umgebung wohler fühlen als in der materialistisch-atheistischen, die ihr Sendungsbewußtsein zum großen Teil aus einer allergischen Überreaktion gegen alles Religiöse bezieht?

Eines ist zu vermuten, unser Kampf gegen den wissenschaftlichen Materialismus jeglicher Provenienz wird sich schon in wenigen Jahren erübrigen. Die transpersonale Psychologie wird hier ganze Arbeit leisten. Doch wo werden wir uns wiederfinden, als Christen, als Charismatiker, als Bürger zweier Welten und vor allem nicht von dieser Welt? Werden wir uns von der neuen Psychologie unseren Platz unter dem Regenbogen zuweisen lassen, irgendwo zwischen Zen und Zarathustra oder zwischen Transaktion und Rebirthing, oder werden wir unsere Position – endlich – selbst definieren?

Wir müssen uns in Acht nehmen! Die Psychologien des alten Paradigmas waren – abgesehen von ihrer teils menschenverachtenden materialistischen Grundeinstellung – als bloße Instrumente weitgehend wertneutral und zumindest streckenweise auch im Dienste christlicher Werte einsetzbar, mit Vorbehalten, aber doch im Prinzip.
Die Psychologien des transpersonalen Paradigmas – soviel läßt sich jetzt schon sehen – sind durch und durch wertschaffend und zieldeterminiert, keine bloßen Methoden, Techniken, Erklärungsansätze, sondern vollständige Dogmatiken und Heilslehren mit ideologischem Engagement.

Eine "Christliche Psychologie" mit apodiktischem Wahrheitsanspruch – auch das ist bereits erkennbar – paßt von vornherein sehr gut in diese Landschaft wissenschaftlich aufbereiteter Glaubenssysteme, wenn man die Sache aus der säkularen Ecke sieht.

Wissenschaftstheoretisch betrachtet, handelt es sich bei diesen neuen Konzeptionen um Modelle des Menschen und insbesondere seines Heilwerdens, die auf der Basis von ähnlichen subjektiven Erfahrungen einer Reihe von Personen (aktuell oder als geschichtliches Zeugnis) induktiv gewonnen und zu Regelsystemen mit wissenschaftlicher Dignität entfaltet wurden, Regelsysteme, die teilweise und oft in metaphorischer Form schon aus grauer Vorzeit überliefert sind.
Systeme und Intervention stehen gewöhnlich in inniger Wechselwirkung, so daß die klassische Scheidung von Theorie und Anwendung nicht mehr trägt. Dies umso mehr, als dem System ein anspruchsvollerer ontologischer Status zukommt als einer Theorie im konventionellen Sinn. Theorien sind hypothetisch, im Prinzip modifizierbar, während die Systeme der genannten Art zumindest in ihren Hauptsätzen als abge-

schlossene Kataloge auftreten, mit Aussagen über die Beschaffenheit der Welt an sich. Diese "objektive Wahrheit" ist natürlich nicht direkt empirisch überprüfbar, muß es auch nicht sein, manifestiert sie sich doch direkt in den subjektiven Erfahrungen der "Erfahrungsbereiten".

Hier liegt die Schlüsselstelle für die Besonderheit des neuen Paradigmas im Vergleich zum konventionellen. Metaphysische Spekulationen, unbewiesene Vorannahmen und konstruktivistische Fiktionen bis hin zu Irrationalismen und Suggestivbegriffen finden wir in den konventionellen wissenschaften in Hülle und Fülle – nicht nur in der Psychologie und ihren bis zum Exzeß gepflegten hypothetischen Konstrukten. Die "objektiven Wahrheiten" des neuen Paradigmas befinden sich zumindest inhaltlich in guter Gesellschaft.
Theorie, Modell und Konstrukt haben aber gerade im extremen Pragmatismus immer nur die jederzeit aufkündigbare Funktion von Hilfskonstruktionen, die in den Fakten verankert sein müssen und ihre Daseinsberechtigung nur aus diesen beziehen. Diese Fakten wiederum müssen objektiv und für jedermann überprüfbar sein.
Die Psychologien des neuen Paradigmas begrenzen die Erfahrungsbasis ihrer Aussagen auf das Bewußtsein derer, die – auf welchen Wegen auch immer – der nachgeordneten Wahrheit bereits aufgeschlossen gegenüberstehen und daher überhaupt "offen" für die Erfahrung sind.
Die Erfahrbarkeit einer übersinnlichen Wirklichkeit in ihrer objektiven Existenz ist in der Regel gebunden an die Bereitschaft, den Weg in diese Erfahrungswelt zu gehen, was oft nur über bewußtseinsverändernde Interventionen möglich ist.
Im Grunde genommen ist die Wissensbasis dieser neuen Psychologien nicht mehr generell verfügbar, sondern nur für jene, die bereit sind sich in Empfänger für diese verborgene Wirklichkeit verwandeln zu lassen.
Unser gängiger Wissenschaftsbegriff wird durch diese Einschränkungen (oder Erweiterungen?) von Wirklichkeit und Objektivität nicht entscheidend verändert. Insbesondere die

ohnehin nicht sehr glückliche Trennung von Analyse und Anwendung, Forschung und Intervention wird aufgegeben zugunsten einer von vornherein interventionsgeleiteten Erfahrung. Die Überzeugung von der Gültigkeit einer Theorie wird in vielen Fällen ersetzt durch die (Glaubens-) Gewißheit von der absoluten Richtigkeit der Systemregeln.

Wir vermuten, daß in dieser Umgebung Christliche Psychologie keine Chimäre mehr ist, sondern eine realistische Konzeption, die nicht mehr gegen den konventionellen Empirismus anzutreten hat, sondern allerlei Glaubensrichtungen aus den Trans- und Para-Bereichen.

Aus diesem Ansatz ergibt sich sofort, daß die Durchsetzungsfähigkeit einer Christlichen Psychologie gegenüber säkularen Richtungen beginnt und endet mit der Durchsetzung des Evangeliums gegenüber anderen Glaubensrichtungen jeder Art. Die christliche Heilsbotschaft ist nicht beweisbar, auch innerhalb einer Christlichen Psychologie nicht. Der Beweis kann nur indirekt angetreten werden, durch das Zeugnis der Personen, die sich dieser Heilsbotschaft verpflichten und von ihr verwandelt werden. Das Verwandlungsresultat ist der einzige Beleg für die Wirksamkeit des Evangeliums wie einer christlich-psychologischen Intervention, die sich ganz im Rahmen des Evangeliums bewegt.
Der gegenwärtige Zustand dieser Verwandlung in der Gemeinde Jesu gibt uns zu denken. Er ruft in uns – Psychologen wie Medizinern – die wir als säkulare Experten für das psychische und körperliche Wohlbefinden der Menschen firmieren – die Verpflichtung auf, unsere Wissenschaft heilstauglich zu machen und in den Dienst des Evangeliums zu stellen.

Wenn wir Nägel mit Köpfen machen wollen, so dürfen wir jedoch nicht, wie unsere transpersonalen Vorreiter, unsere neue Wissenschaft gleich provokativ zwischen alle Stühle placieren. Die gegenwärtige Situation soll in ihrer ganzen Vielfalt zwar schonungslos aber eingehend inspiziert werden, auch im

Hinblick auf Brauchbares und Wahrheitsdienliches, bevor wir den Grund zu unserer Christlichen Psychologie legen.

Wir wollen den Status quo wissenschaftlichen Räsonierens an einigen modernen psychologischen Paradigmen aufzeigen. Wir wollen darauf hinweisen, daß gerade die metaphysische Enthaltsamkeit dieser Konzepte eine fast sakrale Verherrlichung von "objektiven" Fakten nach sich zieht, die selbst zur Religion des "Positiven" entartet.
Auch pragmatische und konstruktivistische Aufweichungen des Positivismus, die am Beginn des Rückwegs zum Subjekt stehen, werden heute noch mühelos vereinnahmt von der evolutionistischen Konfession des Zufälligen-Geworden-Seins aller Erkenntnisstrukturen und der hic et nunc-Begrenztheit aller Erkenntnis. Merkwürdigerweise wird die Evolutionstheorie in ihrem universalen Geltungsanspruch von ihren eigenen Denkresultaten nicht beschnitten und schwingt sich munter von einer plumpen Kosmogonie zur anderen. Dennoch sitzt der säkularen Wissenschaft die "erwiesene" Zufälligkeit ihrer Existenz und der Stichprobencharakter ihrer Weisheit tief im Skelett und schleicht sich ins Bewußtsein ihrer Konsumenten.
Die moderne Psychologie ist ein echtes Kind dieses Bewußtseins oder dieser Bewußtlosigkeit und wurde innerhalb von wenigen Jahrzehnten zum engagierten Lehrmeister mechanistischer und evolutionistischer Positionen.

Wir beginnen mit der Analyse dieser Situation, von der die moderne Schulpsychologie in vielen Bereichen beherrscht wird.

B

Status Quo – Psychologie heute und wie es dazu kam

Die Psychologie im Leben unserer Zeit ist nicht nur eine Wissenschaft, sondern eine gesellschaftliche Instanz, von der man Antworten erwartet auf brennende Fragen unserer Zeit, auf Probleme unserer Zeit, die auch im Bewußtsein der Menschen in zunehmendem Maße als psychologische Probleme erscheinen, Probleme die im menschlichen Leben selbst begründet liegen. Von der Psychologie werden Antworten erwartet, weil sie für alle psychischen und sozialen Phänomene Erklärungen anbietet, seien sie auch widersprüchlich oder nur Psychologisierungen, es sind immerhin "wissenschaftliche" Antworten. Die Psychologie hat dabei ihren eigentlichen Gegenstand "Seele" und "seelisches Erleben", in der Absolutheit und Unmittelbarkeit wie es uns erscheint, zunächst aufgegeben zugunsten von Verhaltensbeschreibungen, die einer "objektiven" Verifikation zugänglich sind innerhalb von Empirismus, Determinismus, Relativismus, Reduktionismus und Naturalismus. Die Menschen erleben sich inzwischen – zumindest an der Oberfläche – in diesen abgemagerten Modellen ihrer eigenen Wirklichkeit und sie sind empfänglich für psychologische Plausibilisierungen ihres Verhaltens in diesen Denkkategorien. Die Psychologie ist also – nichts als – die Antwort auf die rationalistische Entfremdung einer Menschheit von ihrer eigentlichen Bestimmung.
Nichtsdestoweniger ist der Drang des Menschen nach Absolutheiten tief in seiner Seele verankert und sucht billigerweise

eine externe Berechtigung. Diese Beziehung von "Innen" und "Außen" leitet sich ab aus der Selbstverständlichkeit, mit der wir unserem internen Umweltmodell die tatsächliche Existenz der Außenwelt unterlegen. Schon D. Hume, der die Erkenntnis bei unseren (internen) Sinneseindrücken beginnen läßt (nihil est in intellectu quod non fuerit in sensu) hält den "Glauben an die Existenz der Außenwelt" für "praktisch notwendig" und "vernünftig" – allerdings nicht für beweisbar. Die Wirklichkeit beginnt also mit Glauben!

Wieso übertragen wir die Existenzlegitimation für die "objektive" Außenwelt nicht auch auf andere, zunächst "nur psychische" Phänomene von der gleichen Eindringlichkeit, wie "Gotteserleben", "Schuldbewußtsein", "Entscheidungsfreiheit" usw.?

Das rationalistische Weltbild hat hier dazwischengefunkt und – vielleicht unangenehme – Teile unseres Erlebens wohlwollend psychologisch neutralisiert, relativiert, zu archaischen (phylogenetischen, versteht sich) Relikten reduziert. (Vgl. hierzu Abb. 1)

Die moderne Psychologie sucht zwar nach dem Schlüssel zur Psyche des Menschen – aber sie sucht ihn dort, wo sie es unter naturwissenschaftlichen Suchbedingungen tun kann. Das ist die Suchmethode des weisen Mullahs Nasrudin, von dem man sich folgende Geschichte erzählt:

Mullah Nasrudin sucht etwas auf dem Marktplatz. Ein Freund kommt hinzu und es entwickelt sich der folgende Dialog:

Freund: Mein lieber Nasrudin, was suchst du?

Nasrudin: Meinen Hausschlüssel.

Freund: Wo hast du ihn denn verloren, weiser Nasrudin?

Ist die Psychologie die Antwort?

EINERSEITS

JA

weil

(offensichtlich)

- für <u>alle</u> psychischen und sozialen Probleme <u>Erklärungen</u> gesucht und gefunden werden
- "absolut Wahres", Metaphysisches, Esoterisches <u>psychologisiert</u> wird
- die Person rational voll erfaß-faßbar,
  ein Produkt aus Anlage und Umwelt

P = A x U

TERTIUM NON DATUR

ANDERERSEITS

NEIN,

NIE

UND

NIMMER

weil

(nicht beweisbar)

- Psychisches nicht die letzte Instanz unserer Existenz sein kann
- auch Psychisches auf absolute Verankerungen hinweist, allerdings nur in Grenzsituationen oder innerhalb einer privaten Erfahrung
- es Verhaltensphänomene gibt, an denen rationale Erklärungen scheitern

P = A x ...., x U

Abb.1

Wo liegt der Schlüssel zur Psyche des Menschen?

DIE METHODE NASRUDINS

Nasrudinismus:

Es ist nicht nötig, was zu finden.

Es ist wichtig zu suchen.

Es ist nicht wichtig, was du suchst.

Es kommt nur auf <u>optimale Suchbedingungen</u> an!

Abb.2

Nasrudin: In meinem Hause am Rande der Stadt.

Freund: Aber warum suchst du ihn dann hier auf dem Marktplatz?

Nasrudin: Weil es hier heller ist.

Nasrudinismus! Eine zynische Anekdote für eine zynische Methodologie. (vgl. dazu Abb. 2)

Wo liegen nun die geistigen Wurzeln einer solchen Psychologie und des menschlichen Selbstverständnisses, das sich diese Psychologie gefallen läßt?
Wir wollen das im Detail betrachten

- nach dem, was die moderne Psychologie vom Menschen denkt (Abschnitt BI – Menschenbilder)

- und wie sie versucht dem Menschen zu helfen (BII – Interventionen)

Diese beiden Abschnitte werden jedoch nicht nur die klassischen Konzeptionen enthalten ("harder – Materialismus"), sondern auch einige Ansätze zu ihrer Überwindung seit der "Kognitiven Wende" ("softer – Materialismus") und schließlich auch Typisches zu den im ersten Abschnitt erwähnten transpersonalen Paradigmen. Hier findet sich am Ende auch ein Platz, zunächst eine Leerstelle, für eine Christliche Psychologie. Wir wollen diesen Platz und seine weltanschauliche Umgebung genau beschreiben, um im dritten Abschnitt zu prüfen, ob unsere neue Psychologie im biblischen Paradigma dorthin paßt.

Nun zu Abschnitt BI – Menschenbilder der Psychologie. Aus der Übersicht in Abbildung 3 sind die einzelnen Schwerpunkte der Darstellung entnehmbar. Wir erkennen dort auch, daß das psychologische Menschenmodell, etwas polemisch als "Homunculus" bezeichnet, doch von Abschnitt BI1 nach BI3 Entwicklungsfortschritte aufzuweisen hat. Es besteht also Hoffnung.

Menschenbilder der Psychologie

BI1

MECHANISTISCHE PSYCHOLOGIE

"Harder" Materialismus

} Psychologie als Physik

Abb. 4-8 L'homme machine

Abb. 9 Physikozentrisches Weltbild

Abb. 10 Physikozentrisches Menschenbild

} WIR BAUEN EINEN HOMUNCULUS !

Psychologie der ersten Art

BI2

KOGNITIVE PSYCHOLOGIE

"Softer" Materialismus

} Psychologie als Systemtheorie

Abb. 11 Programm der "kognitiven Wende"

Abb. 12 AI oder die Rettung des Materialismus

BI3

Abb. 13-18 Materialismus am Abgrund

} DER HOMUNCULUS BLICKT NACH INNEN !

Psychologie der zweiten Art

BI4

TRANSPERSONALE PSYCHOLOGIE

Material-Spiritualer Dualismus

} Psychologie auch als Metapsychologie

Abb. 19 Dualismus- Die Realität des Geistes

Abb. 20 Überwindung des Dualismus?

} DER HOMUNCULUS BEKOMMT EINE SEELE - WIRD ZUM MENSCHEN ?

Psychologie der dritten Art

Abb.3

BI

Menschenbilder der Psychologie

BI1. Mechanistische Psychologie ("Harder" Materialismus)

Die klassischen Naturwissenschaften haben es zunächst mit Materie und Energie zu tun. Diesbezügliche Regelmäßigkeiten sind in strenge Gesetze erfaßbar. Auch der Psychologie schwebte und schwebt dieser Status einer Wissenschaft vor. Sie ist daher von Anfang an in ihrer Grundhaltung reduktiv und diszipliniert sich bei Erklärungen, welche die naturwissenschaftliche Basis verlassen.

Eine der Leitlinien für diese Enthaltsamkeit liefert die moderne Biologie in der neodarwinistischen Evolutionslehre.

BI1.1 Der Mensch – Fehltritt der Evolution

Wenn der Evolutionismus auch keine intellektuelle Meisterleistung war, so ist er doch in seiner ideologischen Einfachheit konsequent. Ein Prinzip regiert die Entwicklung vom Urknall über die Evolution der Materie, des Kosmos und des Lebens auf der Erde:
auf der einen Seite eine naturgesetzlich gelenkte Produktion

von Strukturmöglichkeiten, die im statistischen Sinne zufällig sind, auf der anderen Seite die ebenfalls naturgesetzlich gelenkte und damit automatisch eintretende Selektion dieser Strukturen nach dem Kriterium ihrer Überlebensfähigkeit. Alles was da ist, ist da, weil es überlebt hat, sonst wäre es ja nicht da, oder?

Die Frage, wieso es zu immer komplexeren Strukturen kommt entgegen der ebenfalls naturgesetzlichen Entropietendenz (2. Hauptsatz der Thermodynamik) kann auch durch den Zufall beantwortet werden: das lebende Universum vollzieht sich in Entropielöchern!

Dennoch ist der zerstörerische Trend in der Natur zur Nivellierung allen Geschehens der ständige Feind der Struktur, im engeren Sinne des Organismus, der bestrebt ist, sein inneres Milieu, seine Existenz und die Existenz seiner Art aufrechtzuerhalten. Die Organismen, die da sind, sind die, die es geschafft haben.

Umwelt ist für den Organismus primär Störung. Alle Spielarten des Lebens und alle Organerrungenschaften bis hinauf zu den höchsten Funktionen des menschlichen Daseins sind lediglich Versuche, die ständig drohende Störung zu kompensieren.

Der Mensch ist in diesem Kontext nicht das Endziel einer gelenkten Entwicklung, sondern das beinahe verunglückte Zufallsprodukt einer genetisch verrückten Voraffenhorde, in der es Mutationen und Erbvariationen fertigbrachten, das bereits erreichte Anpassungsniveau zurückzunehmen auf eine weniger perfekte Instinktorganisation.

Zur Kompensation dieses Mangels bedurfte es der Entwicklung der Intelligenz als Instinktersatz.

Der auf diese Weise erschlauende Voraffe besaß dann auch noch die Dreistigkeit, seine Baumwipfelheimat zu verlassen und war im hohen Steppengras von schnellen Raubtieren aufs höchste bedroht. Gegen diese Gefahr erfand er den aufrechten Gang (um über die höchsten Grashalme blicken zu können) und das Bewußtsein, um die schnell nahende Gefahr vorwegnehmen zu können. Solchermaßen ausgestattet entpuppte sich sein Mangel als Vorteil. Die Folgen sind bekannt.

Das ist in wenigen Worten – aber auch schon vollständig – der Stoff, aus dem die Evolution gestrickt ist. Das ist aber auch das Material, das von der Psychologie bereitwillig aufgegriffen wird, um das Wesen des Menschen zu rekonstruieren. Was dabei herauskommt ist ein Homunculus, der Frankensteins Erfolge nicht annähernd erreicht.
Dabei sei vorweggenommen, daß diese psychologischen Modelle keineswegs falsch sind. Sie führen nur zu Peinlichkeiten, wenn sie die menschliche Existenz ausschöpfen sollen und sie führen zu unvertretbaren Selbstkastrationen bei Personen, die infiltriert sind, sich in dieser Weise zu sehen und zu verstehen.

Cyril Burt: Ein zynischer Betrachter könnte versucht sein zu sagen, daß die Psychologie, nachdem sie zuerst ihre Seele verschachert und dann ihren Verstand verloren hat, jetzt, da ihr vorzeitiges Ende droht, auch noch jedes Bewußtsein eingebüßt zu haben scheint.

Um die Tragweite dieser Behauptung zu prüfen, laßt uns einen psychologischen Homunculus bauen!

BI1.2 Die Person – Dauereinrichtung zur Kompensation von Störungen

Das Bauprinzip unseres Homunculus ist denkbar einfach: es ist der geistlose Selektionismus der Evolution:

- ein Zufallsmechanismus produziert, am besten nach den Regeln der Kombinatorik, möglichst viele Varianten eines Strukturtyps – konservatives Verfahren!

– Oder Kraft eines Zufalls höherer Art (z.B. kosmische Strahlung) unvorhersehbare Mutanten – progressives Verfahren (das auch schief gehen kann, weswegen die Mutationsrate nicht zu hoch sein darf)!

Was davon fürs Überdauern brauchbar ist, weiß keiner. Allein die Tatsache existierender Strukturen beweist, daß manche den Selektionsfilter der Umwelt erfolgreich hinter sich gebracht haben. Das müssen nicht im positiven Sinn die Besten sein, sondern die mit den geringsten Fehlern. (vgl. dazu Abb. 4)

BI1.2.1 Intelligenz aus Versuch und Irrtum – Lernen und Denken

Eine Ratte fetzt duchs Labyrinth – schnüffelt hier und schnüffelt dort – macht viele Fehlversuche, bis sie schließlich das Futter findet – durch Zufall!
Durch einen geheimnisvollen Mechanismus, über den es viele Hypothesen gibt, bewirkt der Verzehr des Futters (die triebreduzierende Endhandlung) eine Aneinanderkettung der vorher abgelaufenen Verhaltenselemente – mit zunehmender Wiederholung immer perfekter!
Die Experimentatoren übersehen dabei geflissentlich, daß manche Tiere aus dem Labyrinth hüpfen und das Futter auf einem kürzeren Wege (außen herum) suchen.

Nach der Lloyd-Morgan-Regel soll man tierische Reaktionen nicht unter Rückgriff auf geistige Prozesse des Menschen deuten, wenn sie sich durch einfachere Prozesse auf niedrigerer Stufe klären lassen – aber es ist nicht die Rede davon, daß man das Versuchsdesign so wählen soll, daß diese höheren Prozesse gar nicht auftreten können!
Außerdem tendiert der Behaviorismus eher dazu, dem Menschen geistige Prozesse abzuerkennen, die sich bei Tieren

I - Material

Evolutionsmechanismus

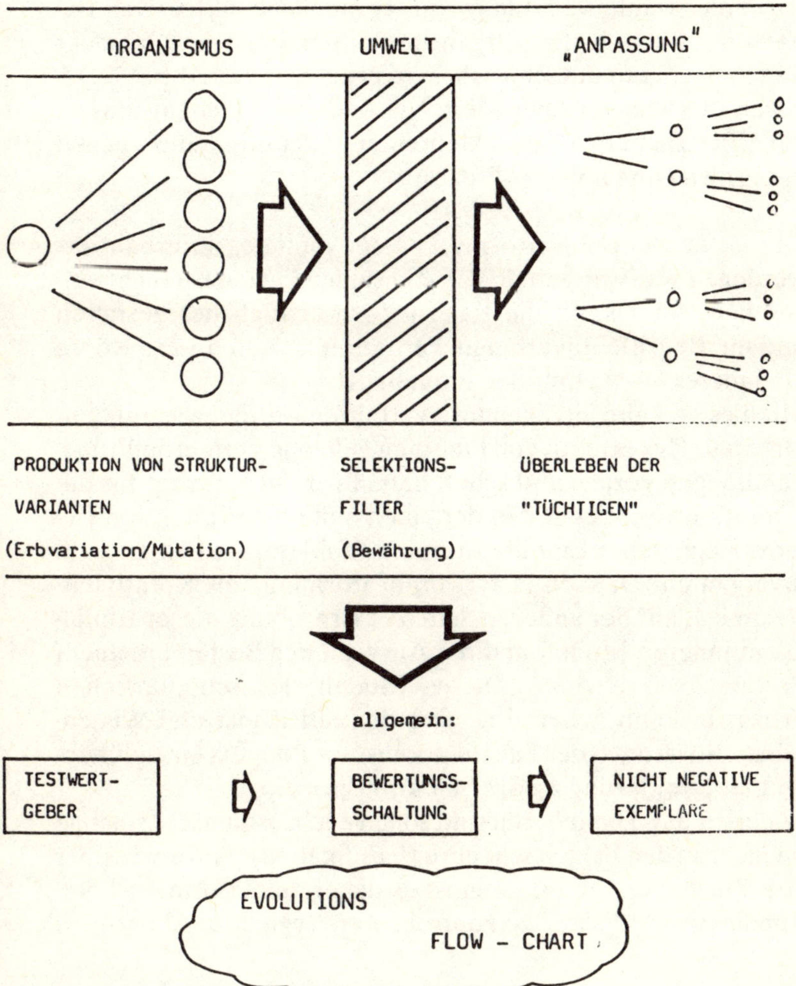

Abb.4

nicht nachweisen lassen: kein Antropomorphismus also, sondern Rattomorphismus (Koestler).

Neben der Entwicklung von Verhaltenssequenzen werden gegebene Situationen auch affektiv "bewertet". Das heißt angeborene gefühlsmäßige und vegetative Reaktionen werden auf zeitlich parallele Situationen "bedingt". (so entstehen nach Pawlow bedingte Reflexe!)
Auch hier wählt die Situation unter möglichen affektiven Bewertungen durch den Organismus. Steinbuch hat versucht diesen Sachverhalt technisch zu realisieren. (vgl. Abb. 5). Dagegen ist nichts einzuwenden. Nur – dieser Mechanismus ist bei Übertragung auf den Menschen endgültig immun gegen die Einwirkung höherer Prozesse.

Der "externe Behaviorismus" kann mühelos internalisiert werden. Zwar war gerade das von seinen Erfindern nicht vorgesehen. Man kann die Lage jedoch erträglicher gestalten und die Begriffe unverfänglicher, wenn man in unsere Köpfe ein inneres Umweltmodell implantiert.
Mit diesem kann jetzt genauso verfahren werden wie mit dem Original. Der effektiven Handlung gehen jetzt interne Probehandlungen voraus und schon haben wir ein Konzept für die Evolution von Ideen. Auf der einen Seite die Produktion vieler verschiedener Einfälle zu einem Problem, die Fähigkeit zu divergentem Denken (z.B. "brain-storming" als Kreativitätstechnik), auf der anderen Seite die Erprobung dieser Einfälle am inneren Modell und die Auswahl der Besten an einem Problemlösekriterium. Dieses Modell des schöpferischen Prozesses kann generalisiert werden auf Kunst und Wissenschaft. So ist auch der Falsifikationismus Poppers eine glühende Liebeserklärung an das Selektionsprinzip:
Theorien und Hypothesen sind solange lebenstauglich, solange sie nicht an den Fakten scheitern (Falsifikation). Um etwas über ihre Tauglichkeit zu erfahren ist es daher immer dringend notwendig, sie mit Fakten zu konfrontieren. (vgl. dazu Abb. 6).

BEHAVIORISMUS
EXTERN

II - Lernen/Intelligenz

TIER/ MENSCH	SITUATION	LERNEN DES „RICHTIGEN" VERHALTENS

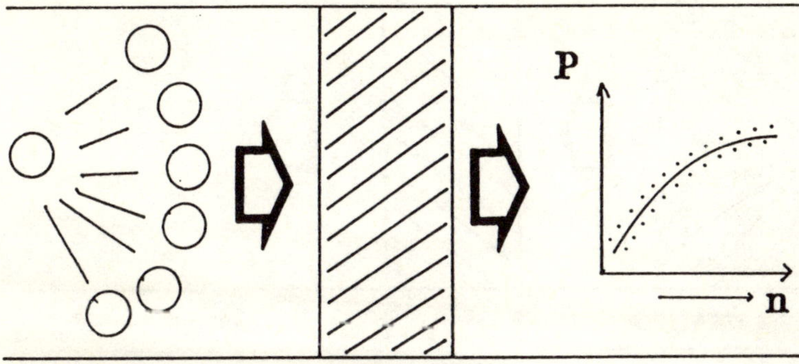

ZIELLOSES (ZUFÄLLIGES) VERHALTEN	"ERFOLG" TRIEB-BEFRIEDIGUNG	SITUATIONSADÄQUATES VERHALTEN
GEFÜHLSPROZESS VEGETATIVER PROZESS	SITUATION	BEDINGTE "REAKTION"

TECHNISCHE REALISATION

"LERNMATRIX"

mit freundlicher Genehmigung aus Steinbuch, K. 1961. S. 159, S. 165

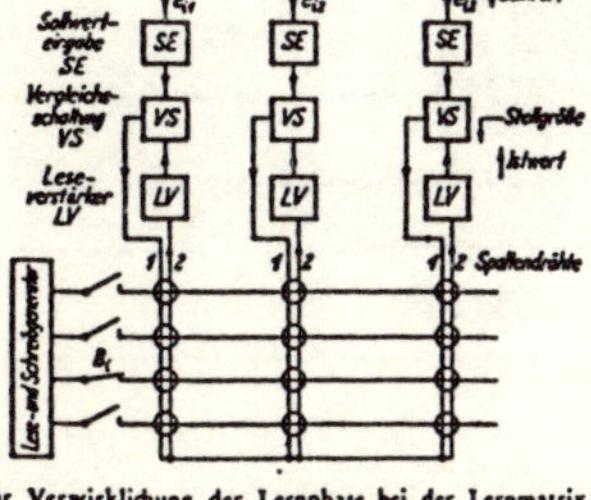

Bild 99. Zur Verwirklichung der Lernphase bei der Lernmatrix für nicht-binäre Signale

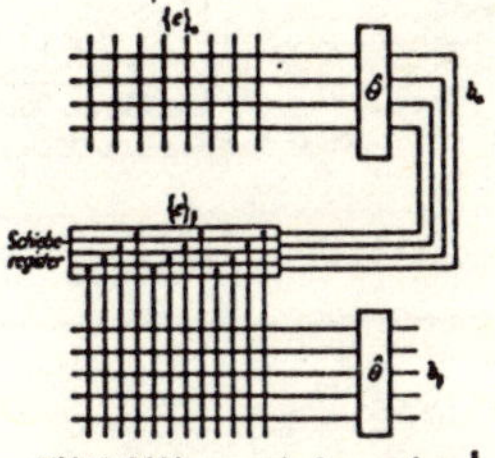

Bild 93. Schichtung zweier Lernmatrizen

Abb 5

III - Denken/Intelligenz

Behaviorismus intern

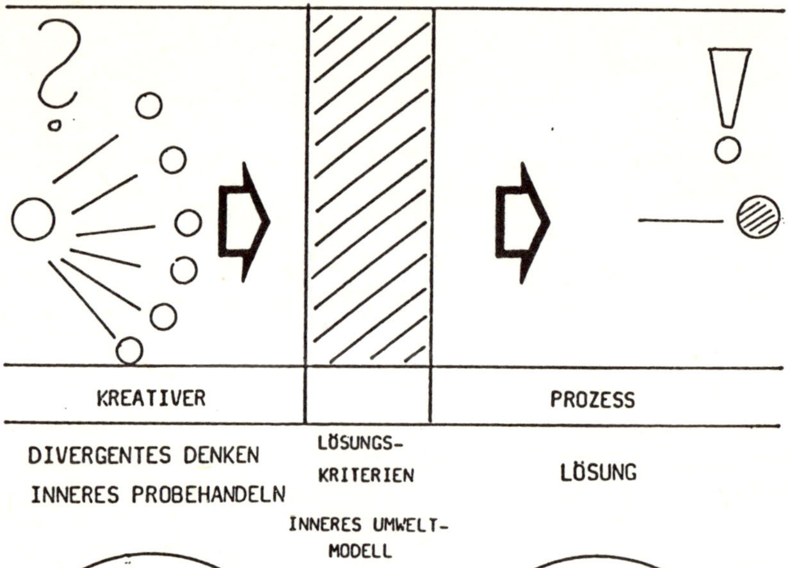

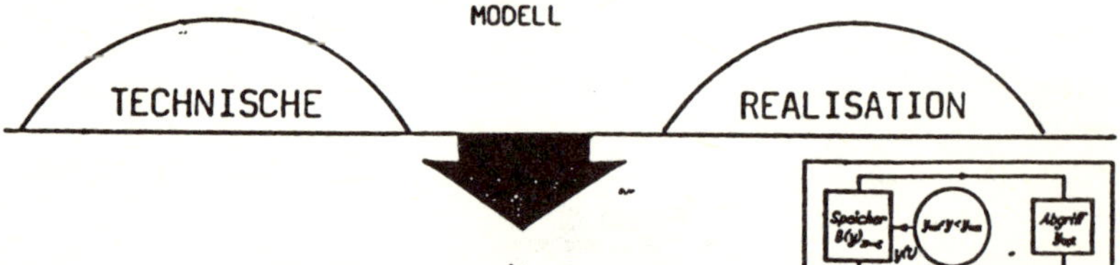

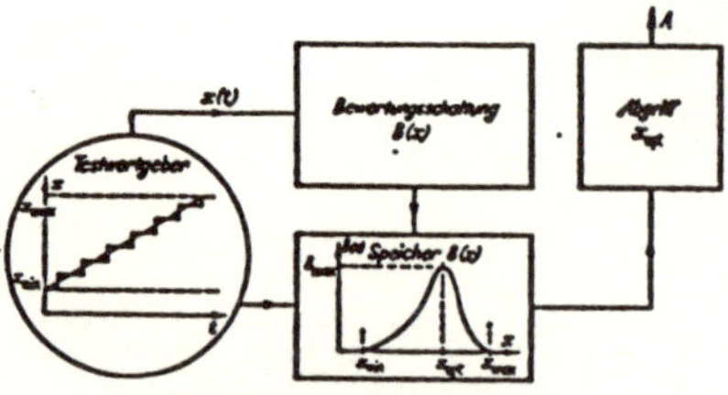

Bild 80. Eindimensionaler Optimalwertskreis

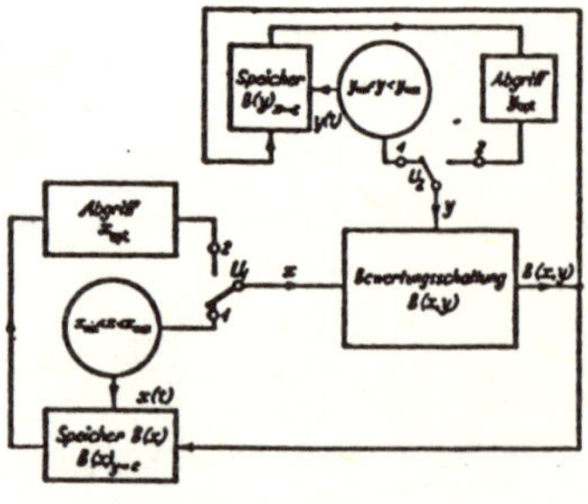

Bild 81. Zweidimensionaler Optimalwertskreis

WISSENSCHAFTLICHER FORTSCHRITT

HYPOTHESEN	REALITÄTSPRÜFUNG FALSIFIKATIONS- VERSUCHE	DER FALSIFIKATION WIDERSTEHENDE THEORIE

FALSIFIKATIONISMUS NACH POPPER

Abb.6

'mit freundlicher Genehmigung aus Steinbuch, K. S.139f

BI1.2.2 Moral als Triebkanalisation

Ein Mensch, der Verhalten produziert, bedarf dazu eines Antriebs. Diese Binsenweisheit aus der Selbsterfahrung wird zum Angelpunkt der Tiefen- und Motivationspsychologie. Das Erlebnis der Energie, die einen dazu treibt, etwas zu tun, wird mit der Tätigkeit selbst ettikettiert: wenn jemand ißt, so hat er das Motiv zu essen, wenn jemand schläft, so hat er das Motiv zu schlafen. Interessant wird diese zunächst überflüssige Verdoppelung des Faktums, wenn man die quantitative Betrachtung der Motivation hinzunimmt. Ein Motiv ist dann nicht mehr die Tätigkeit selbst, sondern die Eindringlichkeit, mit der sie sich verwirklichen möchte. Sie gerät dabei in Konflikt mit den Motiven anderer Tätigkeiten. Der Kampf der Motive wird durch die Umwelt entschieden: Befriedigungsgelegenheiten führen zur Bevorzugung von Motiven, Befriedigungsversagung (Frustrationen) zur Bildung von Ersatzmotiven auf einem Substitutionskontinuum.

Kommen Befriedigungsversagungen von anderen Personen, von der Gesellschaft, so generieren sie ein System von Vermeidungsreaktionen, das Überich, das dem blinden Motivreservoir des Es gegenübersteht. Das Ich als Realitätsinstanz handelt die Kompromisse zwischen beiden Konkurrenten aus.

So kompliziert das auch immer sein mag vor allem wenn man die Motiv-(ist gleich Lern-) geschichte einer Person im Ganzen sieht, so läßt sich die psychoanalytische Konzeption im Grunde doch verstehen als die Ausdifferenzierung von Bedürfnisstrukturen als Funktion der Umwelt. Beweis dafür ist die Möglichkeit, das Geschehen physikalistisch abzubilden, als hydraulisches Kanalisationssystem (vgl. dazu Abb. 7). Zumindest lassen sich viele Motivationskonzepte an dieser einfachen Grundvorstellung festmachen.

IV - Motivation und Person

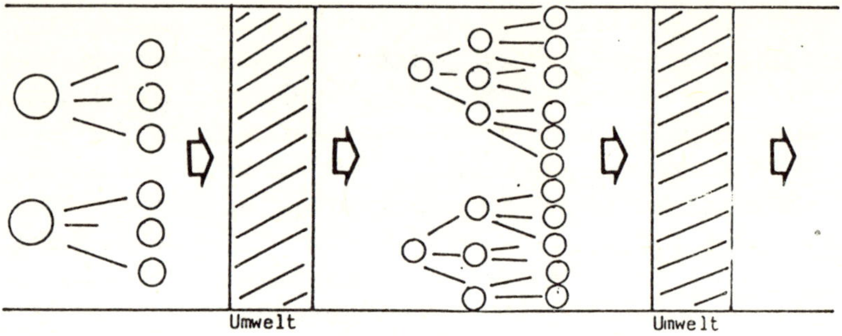

Person als Bündel von Motivbündeln

"Lerngeschichte"

HYDRAULIK DER MOTIVDIFFERENZIERUNG

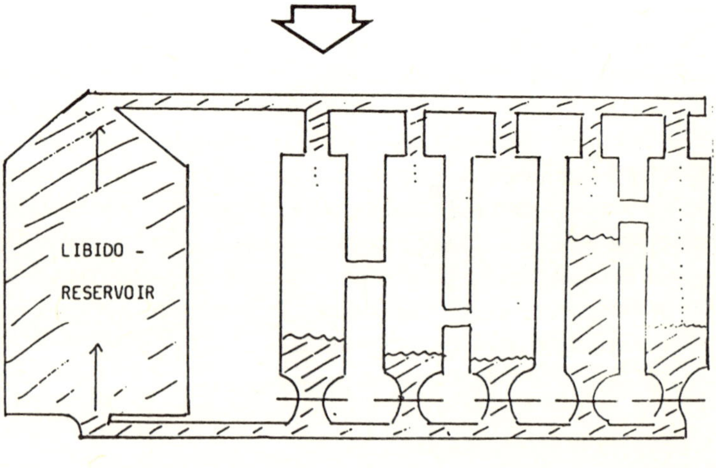

MOTIV (-GEFÄSSE)

Abb.7

BI1.3 Der Proband – Der psychologiegerechte Mensch

Unser Homunculus ist nun komplett – will man ihn als Entwurf verstehen. Es ist Zeit, seine Leistungsfähigkeit auf dem psychotechnischen Prüfstand unter Beweis zu stellen. (vgl. dazu Abb. 8)
Wie jeder Mensch, so ist auch unser Homunculus nur nach Kriterien zu bewerten, die sich messen lassen. Die Psychologie kennt eine endlose Reihe solcher Meßverfahren für alle Verhaltensbereiche: sei es Intelligenz, Konzentrationsvermögen oder manuelle Geschicklichkeit, Ängstlichkeit, Neurotizismus und Hypochondrie, künstlerische Begabung, Führungsqualitäten oder Anpassungsfähigkeit.
Der Mensch ist zerlegbar in ein Raster von Fähigkeiten (Eigenschaften). Er ist reduzierbar auf einen Strich im Profil oder auf einen Punkt im Eigenschafts (- n -) Raum. Soll sein Verhalten für eine gegebene Situation prognostiziert werden, so wird eine situationsentsprechende Testbatterie zusammengestellt. Soll ein Verhalten für eine gegebene Aufgabe prognostiziert werden, so ist über die Testbatterie ein Anforderungsprofil zu legen.

Am einfachsten wird die Verhaltenseinschätzung, wenn sie sich auf eine einzige Kriteriumsdimension abbilden läßt. Unser Proband liegt dann auf einer n-dimensionalen Prognose-Hyperebene mit minimal fehlerbehafteter Projektion auf die Kriteriumsdimension. Sollte er irgendwelchen Anforderungen nicht gerecht werden, so ist dieser Mangel durch gezielte Trainings (Psychotrainings) und Interventionen (z.B. durch Psychotherapie) in meßbarer Weise und kriteriumsorientiert zu beheben.

Soweit die Karikatur einer Psychologie, die sich immer noch als Fundament des psychologischen Lehrgebäudes versteht. Wie jede Karikatur sollte auch diese überspitzt sein, aber doch gleichzeitig den Kern treffen.

V - Der Homunculus auf dem Prüfstand

Der PROBAND als Punkt im n-dimensionalen EIGENSCHAFTSRAUM

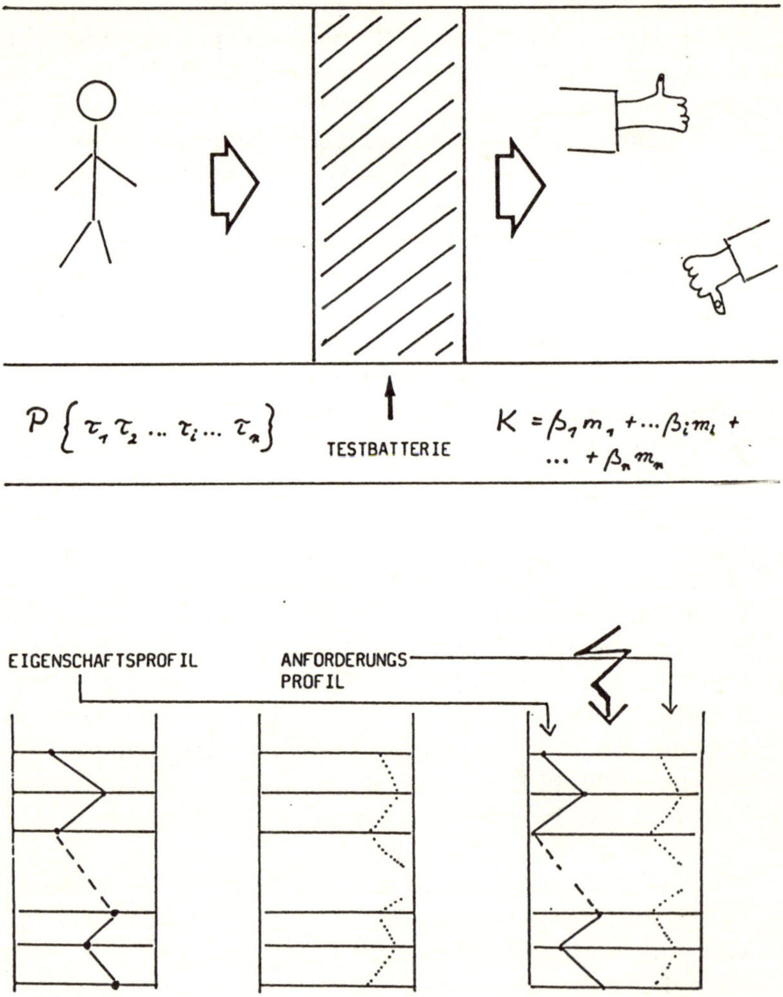

Abb.8

BI1.4 Analyse der Mechanistischen Psychologie

Die bisherige Untersuchung zeigte, daß es das Hauptanliegen der empirischen Psychologie war und ist, als Naturwissenschaft betrachtet zu werden. Sie reduziert dabei ihren Gegenstand zugunsten einer exzessiven Quantifizierbarkeit und Machbarkeit nach dem Modell von Physik und Technik. Kein Wunder, daß nur jene Aspekte des menschlichen Seins in so einer Betrachtung auftauchen, die sich Physik-analog auffassen lassen.
Die Psychologie hat ein physiko-zentrisches Menschenbild, und diese Sichtweite hat Tradition!

BI1.4.1 Das Physiko-zentrische Weltbild

Sowohl der Englische Empirismus, wie der Kant'sche Kritizismus sind erkenntnistheoretische Positionen, die sich am Modell der klassischen Physik (Newton) orientieren und die in der Folge auch die ideologische Richtschnur für die empirischen Wissenschaften schlechthin bilden.
Während der Englische Empirismus in unserem Erkenntnisvermögen nur Dinge zuläßt, die via Wahrnehmung dorthin gelangen, gibt es bei Kant auch Apriorisches, was der Verstand den Erscheinungen im Bewußtsein hinzufügt, was aber aus ihm und nur aus ihm kommt. Beide Positionen gehen vom Primat unseres Erlebens aus. Die Außenwelt ist demgegenüber sekundär. Der Glaube an ihre Existenz, wie schon bemerkt, wird aber für praktisch notwendig gehalten, sowohl von den meisten Empiristen als auch von Kant.
Nur Berkeley sieht in dieser Annahme eine überflüssige Verdoppelung unseres Erlebens. Übereinstimmend wird aber alles das, was nicht direkt Gegenstand unserer Erfahrung sein kann, in den Bereich der Metaphysik geschoben. Kant formuliert dieses Verdikt am strengsten, indem er die gedachte Basis

unserer Außenwelt, die Dinge an sich, ebenso wie die Basis unseres individuellen Erkenntnisvermögens überhaupt, das Ich, zu Gegenständen einer nur indirekt erfahrbaren und daher denkbaren, intelligiblen Welt macht. Die Beschäftigung mit diesen Dingen im Katagoriensystem unseres Denkens führt notwendig zu Widersprüchen (Antinomien).
Das Ergebnis der Kant'schen Kritik ist für alle Erkenntnis grundsätzlich. Ein für alle Mal wird eine Erkennbarkeitsgrenze gezogen zwischen dem, was wir als Material unserer Erfahrung bezeichnen könnten (Erscheinungen) und dem, was wir darüberhinaus nur als Voraussetzung desselben als denknotwendig erachten. Diese Denknotwendigkeit betrifft nur seine Existenz, die Existenz der "Dinge an sich" und des "Ich", aber nicht – und grundsätzlich nie – die Bedingungen, unter denen es existiert, nicht einmal, daß es unter Bedingungen existiert (das Unbedingte!).

Das Niveau des Kant'schen Denkens und seine Universalität als Begründung für die Erfahrungswissenschaften wurde in der Folge nie mehr so recht erreicht und in der Moderne praktisch aufgehoben zugunsten eines denkarmen aber trickreichen Reduktionismus, der in der Psychologie zum krassen Materialismus bzw. Epiphänomenalismus entartet.
Kostproben davon wurden gegeben!

In den klassischen Naturwissenschaften ist diese Verengung der Perspektive praktisch ohne Konsequenzen. Bereits in der Biologie führt die Reduktion des Phänomens "Leben" auf Eigenschaften der Materie zu einer völlig sinnleeren Überbelastung des Materiekonzepts: Leben ist eine Eigenschaft lebender Systeme. Die Reduktion des Bewußtseins auf biologische und damit materielle Sachverhalte führt dann zu der bereits mehrfach strapazierten Peinlichkeit, daß wir die – einzig evidente – Tatsache unseres Bewußtseins als Funktion seiner Inhalte verstehen wollen! Oder weiß nicht jeder, daß eine Pralinenschachtel nicht süß schmeckt, nur weil sie Pralinen enthält?
(Zum Physiko-zentrischen Weltbild vgl. Abb. 9)

Physikozentrisches Weltbild

PRIMAT DER AUSSENWELT

INNENWELT ALS KONSTRUKTION

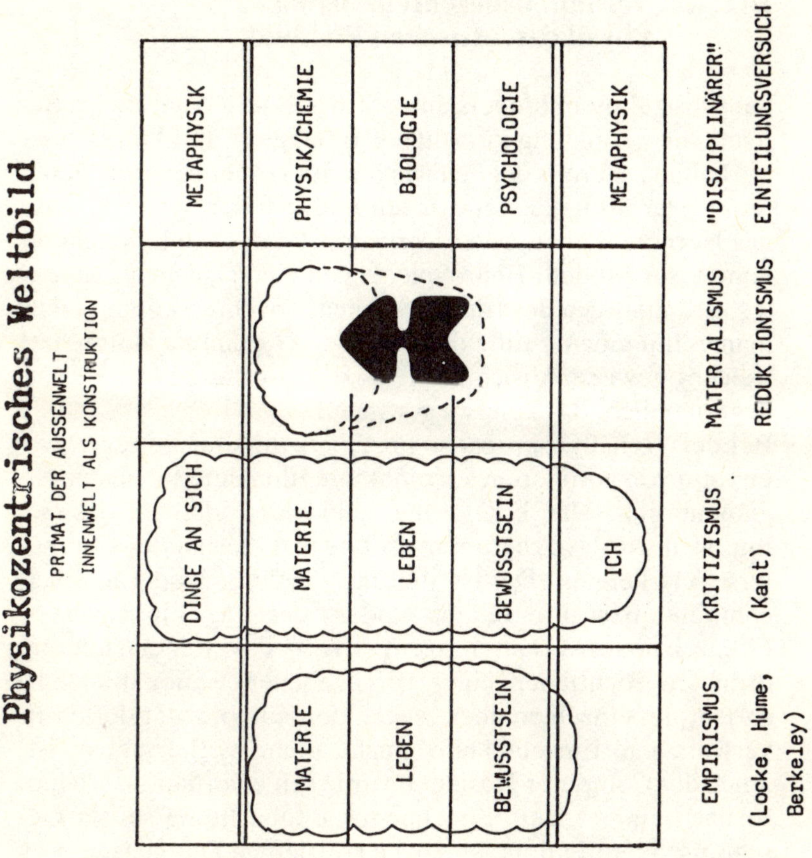

Abb.9

Wir wollen den Denkfehler des ontologisch radikalen Reduktionismus etwas genauer unter die Lupe nehmen.

BI1.4.2 Verhaltensbeschreibung im Physiko-zentrischen Weltbild

Sehr instruktiv und überschaubar wird diese Analyse im Bereich der Erzeugung künstlicher Intelligenz und künstlichen Verhaltens. Bereits der Schachcomputer einer neueren Generation, der Strategien entwickelt und sich der Spielweise seines Herrchens anzupassen vermag, ist dafür ein hinreichend komplexes Modell. Beim Spiel gegen einen solchen Computer wird man sich des Eindrucks nicht erwehren können, daß man es mit einem rational agierenden Gegenüber zu tun hat, welches gewisse Absichten in Bezug auf die eigene Person hegt, nämlich, das Spiel zu gewinnen.
Bei der Verhaltensprognose für den Computer bewegen wir uns also von vornherein auf einer intentionalen Ebene der Argumentation. Man könnte nun einwenden, daß wir das nur tun, weil wir das Programm- (software-) -design des Computers nicht kennen. Das ist aber nicht richtig. Moderne Spielcomputer bzw. Programme sind in der Lage, in gewissen Grenzen neues Verhalten zu entwickeln, das zwar den übergeordneten Richtlinien einer vorgegebenen Rationalität entspricht, im einzelnen aber, wegen der Komplexität der darin verwobenen Einzelabläufe, nicht mehr vorhersagbar ist. Auch der Computer-Designer würde seine Verhaltensprognose nach einiger Zeit eingehender Beobachtung seines Geschöpfs, auf intentionaler Ebene vollziehen! Das gleiche, was wir bei der Verhaltensprognose für Menschen machen.
Analog: Computer haben also Bewußtsein?
Auch ein weniger restriktiver und reduktiver Schluß wäre möglich:
Intentionalität ist keine hinreichende Bedingung für Bewußtsein, vielleicht nicht einmal eine notwendige!

Die mechanistische Denkweise hat weittragende Konsequenzen, die wir uns zunächst wieder am Computerbeispiel exemplarisch verdeutlichen wollen. Nehmen wir an, der Schachcomputer funktioniert nicht mehr. Er spielt verrückt, gewinnt nicht mehr so oft wie früher, macht zeitweilig offensichtlich dumme Züge, kurzum ist stark verhaltensgestört. Wo liegt der Fehler?
Es kann ein Programmfehler sein, der durch irgendeine Spielkonstellation ausgelöst wurde, ein Designfehler im Bereich der Software.
Es kann auch ein Designfehler im Bereich der hardware sein – ein "Druckfehler" bei den gedruckten Schaltungen. In beiden Fällen handelt es sich um einen Systemfehler, der unabhängig von dem verwendeten Material als "Schaltfehler" begreifbar und darstellbar ist. Es kann aber auch sein, daß der Fehler eine Schicht tiefer liegt, im verwendeten Material selber oder in der energetischen Versorgung des Systems. Ein Fehler auf physikalisch-elektrotechnischer Ebene. Diese Ebene wird im Konstruktionsplan von Computer und Software schon als gegeben vorausgesetzt. Sie ist ontologisch tiefer anzusiedeln, zumindest für unseren Standpunkt der Verhaltensprognose.

Wir halten fest: treten auf intentionaler Ebene Störungen (oder vermeintliche Störungen) auf, so reduziert sich das Erklärungsniveau zwangsläufig auf den Design-Level und / oderauf den physikalischen Level. Einem gestörten System werden keine rationalen Intentionen mehr zugebilligt. Wir sind hier an einer entscheidenden Stelle unserer Betrachtungen angelangt. Wird eine Wissenschaft wie die Psychologie und längst vor ihr die Medizin dazu gezwungen, zu Problemen der Praxis Stellung zu nehmen, bei offensichtlichen Fehlentscheidungen zu intervenieren, und das von der Stunde ihrer Geburt an, so richtet sie ihre Modelle von Anfang an auf diese potentiellen Situationen ein und bewertet sie an diesen Situationen. Das mechanistische Denken in der Psychologie verbietet sich zwar nicht den intentionalen Level (Computerbei-

Verhaltensbeschreibung im physikozentrischen Weltbild

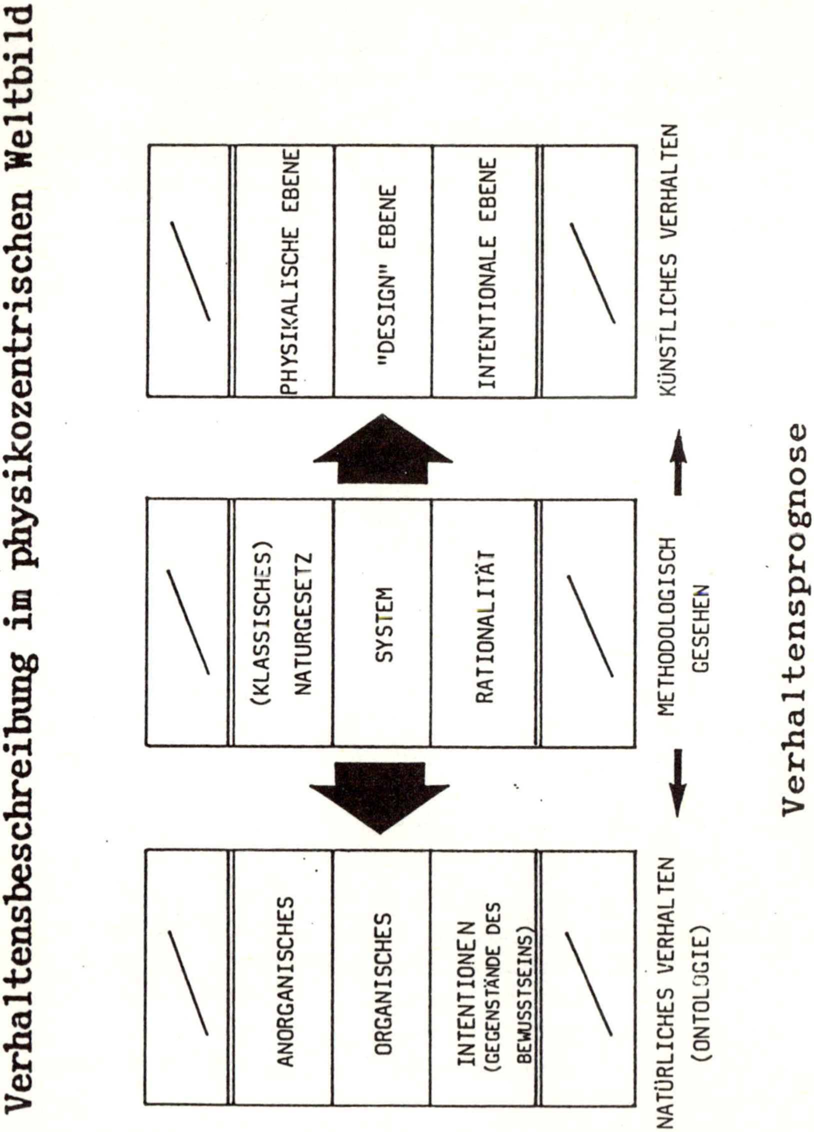

Abb.10

spiel!), aber die pragmatische Interventionsphilosophie bedarf seiner nicht! Für die Medizin findet das Ganze in der Regel eine Etage tiefer statt. (vgl. dazu Abb. 10)

Das Computerbeispiel zeigt uns die pragmatischen Wurzeln des Reduktionismus im Rahmen einer apriori als solche konzepierten Defektpsychologie. Es zeigt aber auch, daß das mechanistische Paradigma durch die elementaristische und behavioristische Psychologie noch nicht voll ausgeschöpft ist. Es ist noch vieles möglich, ohne die prinzipielle Determiniertheit des menschlichen Verhaltens und den Maschinenanalogismus aufzugeben. Die Approximation menschlichen Verhaltens durch eine deterministische Systemsprache liegt auf der Hand und wird in zunehmendem Maße (aber schon seit längerer Zeit) versucht.

BI2 Kognitive Psychologie – "Softer Materialismus"

Eingeleitet wurde diese Konzeption der Psychologie auf Systemebene zunächst als Gegenbewegung zum Behaviorismus, gefeiert als die "Kognitive Wende".

BI2.1 Die "Kognitive Wende"

Die Themen der "Kognitiven Wende" werden in Abb. 11 schematisch zusammengefaßt. Es soll darauf nicht näher eingegangen werden. Viele Konzepte sind auch dem Psychologiekonsumenten aus der "Innenansicht" seines Verhaltens begrifflich vertraut. Die Terminologie der Kognitiven Psychologie ist wieder menschlicher geworden und daher auch therapiegerecht. Kognitive Therapien sind "in" und werden ansatz-

"softer" Materialismus

der Homunculus blickt nach innen I

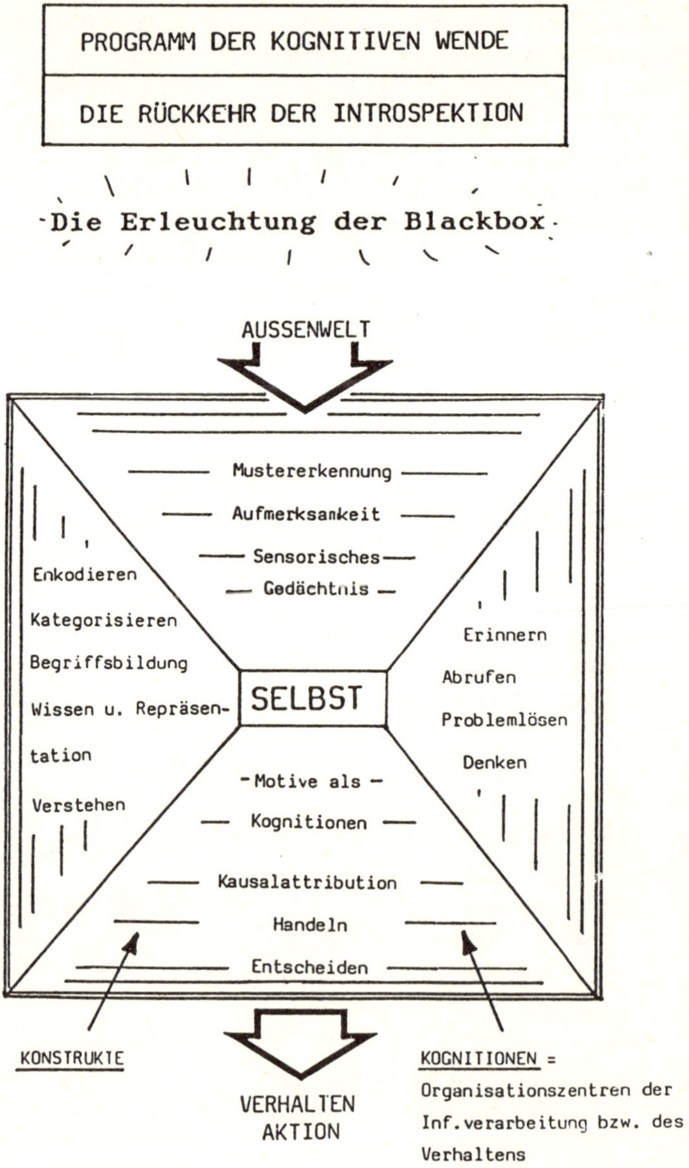

Abb.11

weise auch in der Seelsorge verwendet. Vorweggenommen wurde die kognitive Revolution natürlich bereits durch Tiefenpsychologien verschiedener Provenienz, die sich von Anfang an eines kognitiven Vokabulars bedienten, schwerpunktmäßig allerdings in der Anwendung. Das Programm der "Kognitiven Wende" ist vielversprechend und in allen Punkten nicht vornherein reduktiv, sondern offen. Man kann allerdings nicht übersehen, daß Kognitionen (innere Repräsentationen) zu Bestandteilen eines 'Mechanismus' höherer Ordnung, eines Systems werden. Die Kognitionen sind – neben ihrer introspektiven Aufdringlichkeit – kompaktere Stationen auf dem Wege der Verhaltenserklärung als es die Elemente und intervenierenden Variablen des Behaviorismus waren, Sie bleiben aber – und müssen es im Rahmen der pragmatischen, empiristischen, positivistischen Wissenschaftsphilosophie bleiben – Konstrukte, die sich zwar einerseits in den Fluß der Introspektion leicht einpassen lassen, andererseits aber mit den harten Fakten der Reiz-Reaktionsdaten fest in der Empirie verankert sind. Die Emanzipation des Humanen kann in solch einem System zunächst nicht stattfinden. Interessant ist in diesem Zusammenhang der Attributionsansatz: Ich ordne meinem Handeln (im Nachhinein) erklärende Motive zu. Ist dieses – sicherlich beobachtbare – Phänomen generalisierbar? Geschieht die "Freiheit meines Handelns" im Nachhinein quasi als Rationalisierung dessen, was ohnehin abläuft?

Für die "Künstliche-Intelligenz-Forschung" ist dieses Thema zu einem zentralen (philosophischen) Renner geworden. Dazu einige Anmerkungen.

"softer" Materialismus

der Homunculus blickt nach innen II

ARTIFICIAL INTELLIGENCE — ODER: DIE RETTUNG DES MATERIALISMUS

AI

Der Mensch ist - ein sehr komplexer
- ein sehr......sehr komplexer
- aber immerhin doch ein
- aber immerhin doch nur ein COMPUTER

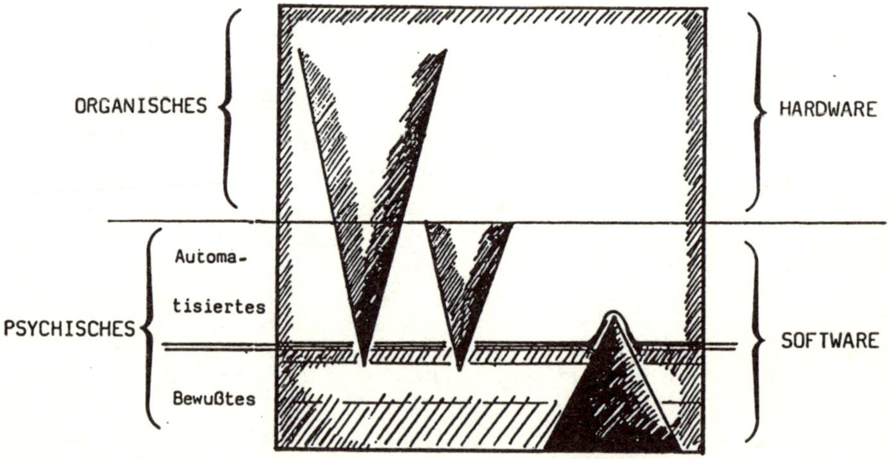

Das Bewußtsein ist nach unten versiegelt

AI ist bewußtseinsfähig

und produziert die Illusion der freien Entscheidung

und wird sich der Blamage seiner Determiniertheit nicht bewußt

Abb.12

BI2.2 Artificial Intelligence – A.I. – oder die Rettung des Materialismus?

Ist Bewußtsein eine Eigenschaft komplexer Systeme generell, eine notwendig auftretende Rückbezüglichkeit mehrfach geschichteter Verarbeitungsebenen, epiphänomenal und also nicht erklärungsbedürftig? Ist vielleicht die viel strapazierte Freiheit des Willens nur Ausdruck einer unvollständigen Rekonstruktion des internen Kausalgeschehens?
Antwort der A. I.: Ja, denn die ontologische Determiniertheit des Verhaltens ist weder vom Bewußtsein aus noch durch einen externen Beobachter lückenlos rekonstruierbar (höchstens durch einen A.I.-Dämon).
Grund: das Bewußtsein ist nach unten hin versiegelt, insbesondere zur Hardware-Ebene hin. Nur Störungen (z.B. Schmerz) werden bewußt. Automatisiertes ist kaum noch bewußtseinsmäßig rekonstruierbar. Bewußtseinsfähiges wird zur Entlastung automatisiert.(Abb. 12)

Die hier angedeutete AI-Version findet sich unter anderem bei Hofstadter (in seinem Buch "Gödel., Escher, Bach"). Sie basiert auf der prinzipiellen Rückbezüglichkeit von formalen Systemen (und ihren technischen Realisationen), die sich alle zum Teil "selbst interpretieren" (ist gleich: ihre Meta-Aussagen als wohlgeformte Sätze mitformulieren). Die Unterscheidung zwischen Programm und Daten, zwischen Syntax und Semantik, ist in vielen Fällen von realisierter Rückbezüglichkeit (z.B. bei der DNS), nur noch akademisch.
Schlußfolgerung: formale Systeme und ihre Realisationen neigen zur Introspektion.

Hier irrt der AI-Experte!
Selbst-Referenz ist nicht identisch und vermutlich nicht einmal die Basis des Bewußtseins und schon gar nicht der Introspektion!
Unsere Introspektion ist fähig, mühelos Metabetrachtungen

eines Vorgangs in unserem Bewußtsein, ja sogar Metabetrachtungen höherer Ordnung anzustellen. Was geschieht bei der Introspektion?

Bundy: Wenn die "ganze Show" eine Ebene nach oben geht, wird der Meta-Level bewußt, aber der Meta-Meta-Level, der die Bewegung veranlaßt, bleibt verborgen.

Wer introspiziert?

Ein zu Ende Denken dieser Fragen untergräbt bereits die letzten materialistischen Bastionen bis kurz vor den Einsturz. Man kann sich des Verdachts nicht erwehren, daß die gängige Forschung auf dem Gebiet der künstlichen Intelligenz mit den kompliziertesten systemtheoretischen Tricks, die doch so unmittelbare Basis unserer Existenz, unser Bewußtsein, als eine ganz normale Eigenschaft komplexer Schaltkreise erscheinen lassen will.

Doch die materialistischen Bastionen wanken. Selbst eingefleischte Evolutionisten, Neuropsychologen, Kybernetiker und Tiefenpsychologen verraten mitunter ihre mechanistische Tradition und verlassen abenteuerlustig die geistlose Ecke der Psychologie. Von solchen mutigen Versuchen soll im folgenden die Rede sein.

BI3 Das Ende des Materialismus in der Psychologie – Subjektivität als eigenständige Realität

Wie man aus Abb. 13 entnehmen kann, gärt es an allen Fronten. Es ist nicht so, daß die Psychologie immer aus vollem Herzen mechanistisch war, evolutionistisch bzw. reduktioni-

MATERIALISMUS AM ABGRUND I

Es gärt an allen Fronten

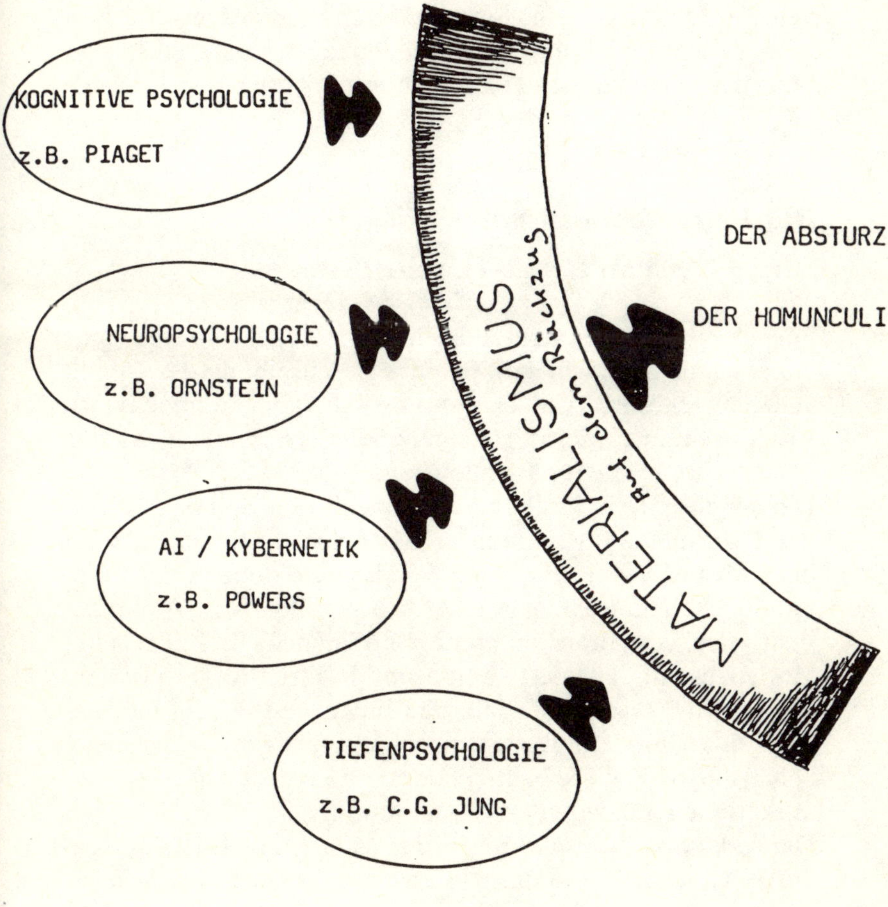

Abb.13

stisch. Sie war das an der Oberfläche, um dem naturwissenschaftlichen Weltbild nicht weh zu tun. Inzwischen ist sie jedoch mit ihrem Verzicht auf Transzendentes von den klassischen Naturwissenschaften im Regen stehen gelassen worden. Einige Wissenschaftler haben – obwohl im Prinzip empiristisch orientiert – dem reduktiven Materialismus schon das Grab geschaufelt (vielleicht ohne es zu wollen). Vier Positionen werden vorgestellt. Sie markieren vier wesentliche Forschungsrichtungen und ihre Tendenz, die materialistische Oberfläche zu hinterfragen (zu unterminieren).

BI3.1 Operationalismus – Piaget Geist als Realität zweiten Grades

Piaget, einer der bedeutendsten Psychologen unserer Zeit, bekannt für eine sehr kompetente Beschreibung der Intelligenzentwicklung, zwar evolutionistisch, aber antibehavioristisch orientiert, unterlegt seinem Schaffen (endlich) wieder den psychophysischen Parallelismus.

Der psychophysische Parallelismus geht auf Spinoza zurück und markiert ein Minimum an Metaphysik für die Behandlung des Leib-Seele-Problems – oder wird einfach des Common-Sense-Eindruck gerecht, daß parallel zur "Außenansicht" des Verhaltens zumindest für manche Bereiche eine "Innenansicht" existiert. Beide sind in ihren Korrespondenzen beschreibbar, etwa, daß die "Innenversion" ein äußeres Faktum zu modellieren vermag (Assimilation) oder umgekehrt, daß die äußere Faktizität der Innenversion gewisse Modifikationen aufzwingt (Akkomodation).

Die Akkomodationswirkung (oder Widerständigkeit der Realität – Holzkamp!) ist umso intensiver, je näher wir uns in unserem – immer nur subjektiven Erleben – an der sinnlichen Wahrnehmung befinden, an der Peripherie unseres Bewußtseins, an der Nahtstelle zum Außen. Diese Peripherie der

Innenansicht, die "Schale" des Subjekts repräsentiert das Maximum an Realität, das uns zugänglich ist – bleibt aber innen!

Betreiben wir Erkenntnistheorie und machen das erkennende System "Mensch" zum Objekt, so können wir die physiologisch-anatomische (materiell-energetische) Struktur des "Erkenntnisorgans" zur "Innenansicht" in Beziehung setzen und werden feststellen, daß sich die kategoriale Irreversibilität und zeitliche Gerichtetheit des biologischen Substrats, die selbst "innen" noch an der sensumotorisch-Schale unserer Person, in Wahrnehmung und Bewegung, als nicht umkehrbarer Bewußtseinsstrom erlebt wird, in einem merkwürdigen Gegensatz zur Umkehrbarkeit (Reversibilität) und Beweglichkeit unserer Denkoperationen sowie der Austauschbarkeit der Denkinhalte steht. Das Zentrum unseres Bewußtseins ist nicht von Zeitrichtung und Kausalität diktiert, sondern von nicht beliebigen und daher notwendigen gleichgewichtigen Systemen, die in der Lage sind Zeit und Raum zu denken (infralogische Strukturen), ja selbst die Zeit in Rückwärtsbewegung, und die Logik und Mathematik konstituieren. Diese "implikative" Struktur unseres Denkens gründet zwar materialmäßig und auch vom biologischen Substrat her auf der grundsätzlichen Irreversibilität materiellenergetischer Phänomene, ist aber selbst nicht als Wirkung dieser Prozesse beschreibbar oder herleitbar, sondern ein für alle Mal wesensverschieden und irreduzierbar.

Ein Rettungsversuch für den Geist? Im Prinzip schon, wenn Piaget auch das Bewußtsein als neue Errungenschaft der Evolution begreift, einer Evolution, die immer wieder irreduzible "Emergenzen" hervorbringt (ähnlich bei Eccles).

Das Auftauchen völlig neuer Strukturen, die "Emergenz", ist ein Suggestivbegriff aus dem Evolutionsduden, der etwa so informationsreich ist, wie die Aussage, daß der Mensch erst durch sein Menschsein zum Menschen wird. Wenn auch das Evolutionsprinzip dadurch auf einem erheblich höheren Abstraktionsniveau neu formuliert wird, so sind die Piaget'schen Ergebnisse dennoch wertvoll. Die Existenz des Geistigen als

strukturverschieden vom Materiellen wird herausgearbeitet und zur sekundären Welt stilisiert (zweite Welt nach Popper und Eccles).
Das Geistige entwickelt Eigendynamik und erweitert sich zum Kreis der Wissenschaften, die als Erfahrungswissenschaften sich in ersten Linie dem akkomodativen Druck der irreversiblen Außenwirklichkeit beugen, als formale Wissenschaften die assimilative Beweglichkeit in ihrer implikativen Notwendigkeit zu immer neuen formalen Systemen expandieren, Modelle möglicher Wirklichkeiten. Das auf diese Weise entstehende Wissensrepertoire ereignet sich in einer tertiären Welt (dritte Welt nach Popper und Eccles), der Welt des objektiven Geistes, der zum Besitz der menschlichen Gesellschaft wird.
Sekundäre und tertiäre Welt sind in ihrer Existenz an die organistische Basis der primären Welt gebunden und bleiben daher Epiphänomene. Allerdings geht vieles, von dem was Piaget, oder auch Eccles und Popper vermuten, bereits weit über die Tragfähigkeit ihres "Basismaterialismus" hinaus.
(Abb. 14)

Doch genügt uns das, wenn Bewußtsein und Geist einfach neue Eigenschaften komplexer Strukturen sein sollen, so wie das Leben im Vergleich zum Anorganischen?
Die Hoffnung, die dem Menschen (als Bestandteil des Universums) bleibt, ist, für sein Leben die (materialistische) Wahrheit über seine Existenz anzuerkennen und eine Art galaktisches Bewußtsein zu entwickeln ("die Sterne, unsere Brüder").
Diese Aussichten sind düster, irgendwo auch schwachsinnig. Das Bild verdunkelt sich weiter, wenn wir als Konsequenz dieser Philosophie bedenken, daß Bewußtsein als Epiphänomen komplexer Schaltungen per se auftritt. Auf diese Art kann eines Tages unser Personal-Computer zum Butler avancieren.

Die Computeranalogie ist nur dann so verführerisch, wenn von kognitiven Leistungen ausgegangen wird, die in konver-

MATERIALISMUS AM ABGRUND II

Rettungsversuche

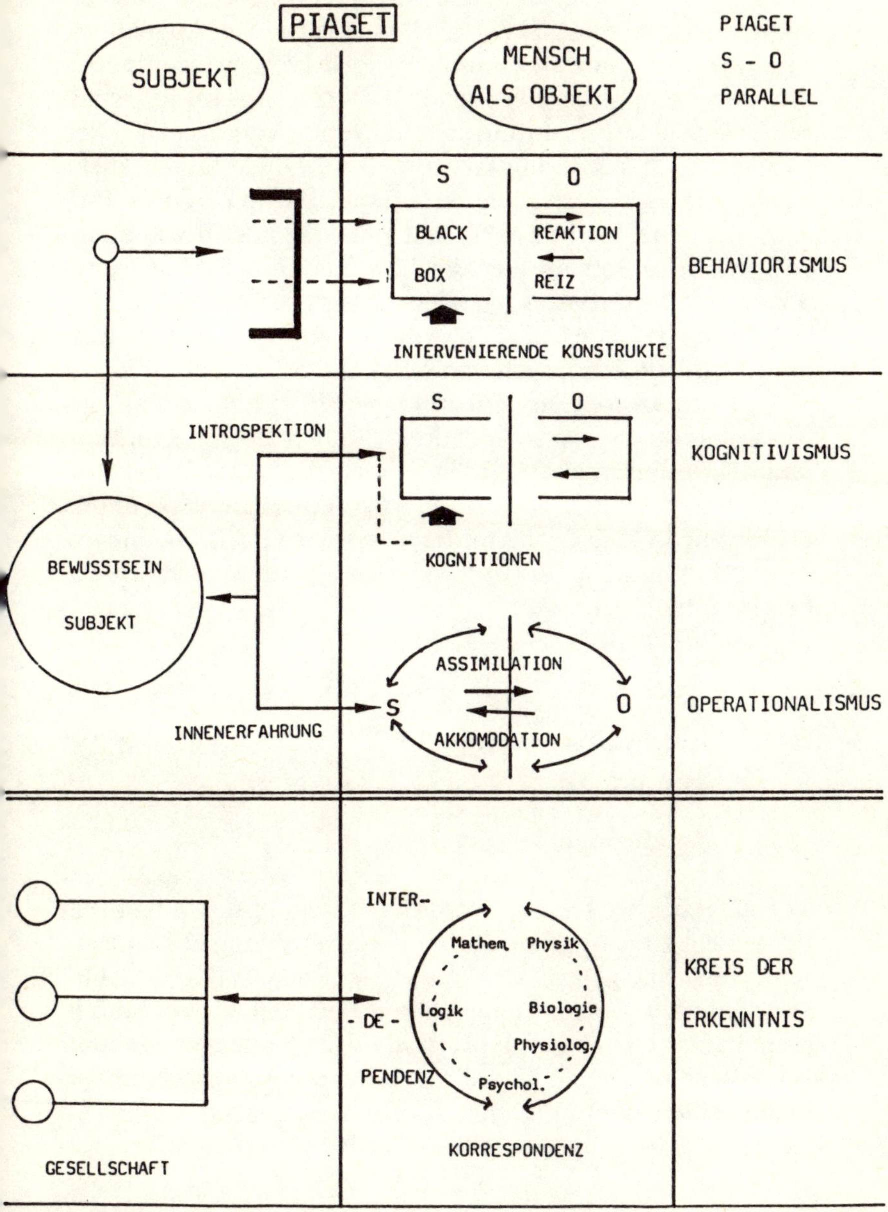

Abb.14

gente und im Detail nachvollziehbare Problemlösungen führen. Schon die einfachsten geistigen Leistungen, die nur lükkenhaft verstanden sind, wie Mustererkennung, Spracherkennung oder einfache kreative Prozesse, sind im Augenblick zumindest computerunfreundlich, ganz zu schweigen natürlich von komplexen Leistungen unseres Erkenntnisvermögens, wie sie sich in Intuition und Gefühl verkörpern. Hier entpuppt sich als Grundlage des Prozesses offenbar nicht weniger als der ganze Mensch in seiner zentralnervösen Projektion analog und holistisch und vielleicht noch etwas mehr. Auf jeden Fall scheint hier der "Computational Mind" jetzt schon an seine Grenzen gestoßen zu sein. Was für die Computerisierung des menschlichen Gehirns eine Niederlage bedeutet, ist auf der neuropsychologischen Ebene der Forschung zu einer Herausforderung geworden – die Untersuchung des Zusammenspiels zwischen digitalen und analogen Repräsentationen in unserem Gehirn, von diskursiven, sprachgebundenen und holistisch, sprachfreien Strukturen der Erkenntnis bis hin zur Lokalisation von Irrationalität und Transzendenz – es geht um die neuropsychologische Erkundung der Hirnhemisphären.

BI3.2 Splitbrains – Ornstein Auf dem Wege zu einer vollständigen Psychologie?

Vor nicht allzu langer Zeit wurden an epilepsiekranken Patienten zur Eindämmung der Anfallsausbreitung über die gesamte Hirnrinde Durchtrennungen des Balkens (Kommissur) zwischen den beiden Hemisphären des Gehirns vorgenommen. Patienten mit so einer Läsion zeigen keine gravierenden Verhaltensstörungen. Allerdings ist der Informationsfluß zwischen beiden Hemisphären unterbrochen. Beschickt man beide Gehirnhälften mit verschiedenen Informationen (was we-

MATERIALISMUS AM ABGRUND III

Auf dem Weg zu einer vollständigen Psychologie

DIE BEIDEN HEMISPHÄREN

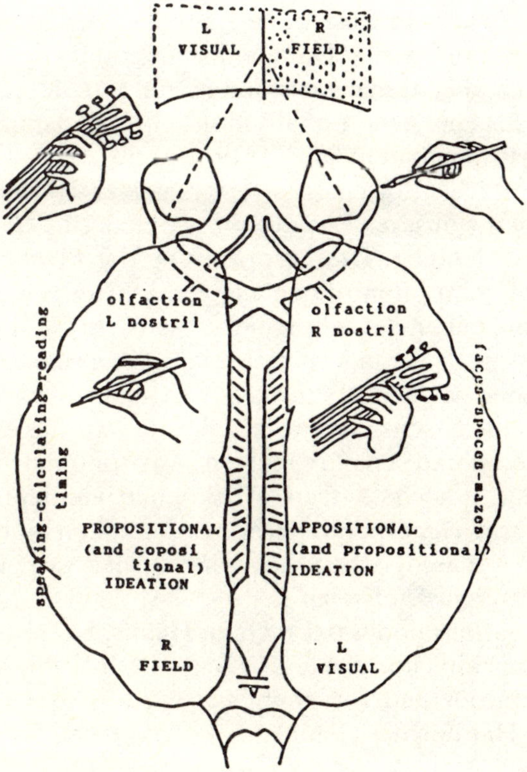

ORNSTEIN UND DAS MYSTERIUM DER RECHTEN HEMISPHÄRE

Abb.15

gen der gekreuzten Informationsverarbeitung der paarigen Organe leicht möglich ist), so kann man aufgrund charakteristischer Verarbeitungsdefekte Funktionsschwerpunkte der beiden Hemisphären im Erkenntnisprozess nachweisen.
So stellt sich heraus, daß (bei Rechtshändern) die linke Hirnhälfte nicht nur wesentliche Zentren der sprachlichen Kommunikation beherbergt (was man schon lange weiß), sondern, daß all das , was wir unter den Stichworten rational, verstandesmäßig, verbal zusammenfassen vorwiegend linkshälftig bearbeitet wird, alles, was mit Kunst, Intuition, Mystik, Irrationalität zu tun hat vorwiegend rechtshälftig, bis hin zur Möglichkeit nicht kausalen respektive nicht zeitgebundenen Erlebens (wie es in Zuständen einer sog. Bewußtseinserweiterung erfahren wird). Die Hemisphärenunterschiedlichkeit ist vielfach überstrapaziert worden; auf der anderen Seite ist sie auch als eine neue Lokalisationslehre verdammt worden. Beides trifft nicht den Kern. (Abb. 15)
Die eigentliche Botschaft ist ein massiver Hinweis auf die Doppelnatur unseres Bewußtseins, deren eine Seite wir offenbar nur kennen. Die Favorisierung der Machbarkeit hat uns gewiß zum Homo Spaniens gemacht oder noch besser zum Homo Faber, der sein Schicksal selbst in die Hand nimmt und die Welt als veränderbare Ereigniskette sieht. Ist dies die andere Seite des Verlusts an Selbstverständlichkeiten? Ist dies vielleicht die Essenz des Sündenfalls, daß wir uns mühsam rekonstruieren und schaffen müssen, was wir ehedem besaßen und vielleicht noch besitzen? Wie können wir dieses Feld wieder erobern? Der Operationsmodus der linken rationalen Hemisphäre ist das logische Schließen, das sukzessive Fortschreiten von Ereignis zu Ereignis.
Der Operationsmodus der rechten Hemisphäre ist das simultane, ganzheitliche "Schon-Wissen", "Für-Wahrhalten" was uns in Intuition und Vorahnung begegnet – aber insbesondere in der Haltung des Glaubens.

Wir wollen unsere Überlegungen hier unterbrechen bevor die Spekulation mit uns durchgeht. Aber dennoch ist es faszinierend, daß gerade die Neuro-Psychologen eine Entdeckung machen, welche die rein organismischen Möglichkeiten unseres Menschseins und die Kompetenzgrenzen unseres Erkenntnisvermögens in Bereiche schieben, die von der Erkenntnistheorie vernachlässigt oder gar tabuisiert wurden, von der Psychologie als privat, weil irrational oder bestenfalls "archaisch" abgetan wurden. Vorstellungen und "Einbrüche" aus diesem Bereich in die gut ausgeleuchtete Sphäre unseres Verstandes werden oft einer ontogenetisch oder sogar phylogenetisch primitiveren Stufe des Erlebens zugeschrieben, Atavismen, die eine gewisse Unberechenbarkeit und Momente von Irrationalität in unser Verhalten bringen. Unbewußtes und Atavistisches aus der primitiven Schicht unserer Person wird gerne für Verhaltenserklärungen auf den Plan gerufen, dort wo der rational abbildbare Fluß des Geschehens streckenweise Lücken zeigt. Vom Berater wie vom Klienten werden diese Erklarungen gernc angenommen, weil die Kausalgenese des Verhaltens ohne Blessuren davonkommt, ebenso das Attributionsrepertoire des Klienten. An der Oberfläche der psychologischen Intervention mag das genügen, wenn man bereit ist, sich auf Fiktionen und sprachliche Etikettierungen als echte Erklärungen einzulassen. Durch die psychologische Hemisphärenforschung wird aber dieses evolutionistisch gefärbte Verursachungsschema in Frage gestellt. Die Dichotomisierung der Verhaltenswurzeln in rational und primitiv ist sicherlich in weiteren Bereichen zu begreifen als die Wirksamkeit zweier gleichrangiger Verarbeitungsmodi unseres Gehirns, dem digitalen , der die Rationalität produziert und auch den attributiven Überbau für manches "Unerklärliche" und dem analogen, der digital nicht auftröselbar ist und uns daher unhinterfragbar bleibt und irrational erscheint. Letztendlich ist er aber "nur" analog, d.h. von vornherein umfassend, global, holistisch, simultan und antidigital, eine Zumutung für unser rationales Selbsterleben und eine Herausforderung für unsere Überheblichkeit, alles erklären zu müssen – wiederum der Fluch des Sündenfalls?

Wie sich Rationalität und Irrationalität auch immer denken lassen, um Verhalten zu erklären oder zu prognostizieren, die Basis aller Überlegungen und gerade der neuro-psychologischen ist und bleibt der psychophysische Parallelismus, der zwar der Beschreibung der "Innenseite" eigene Gesetzmäßigkeiten zugesteht, der Verhalten aber immer begreift als Basisdeterminiert und auf seiner Innenseite epiphänomenal. Wille und Entscheidungsfreiheit, das Verfolgen von Zielen und Zwecken, Absichten und Intentionen, all diese höchsten Konzentrate an Bewußtheit sind letztlich sekundäre Emanation der materiell-energetischen Basis und damit in ihrem Inhalt irrational und kausal erklärungsbedürftig. Allerdings handelt es sich hier nicht um eine Tiefenschicht unserer Persönlichkeit, sondern um die oberste Instanz unserer "intentionalen Schicht". Die Aufklärung der Irrationalität durch Reduktion ist hier schwieriger, wegen der überstarken Dissonanz zu unserem Erleben. Das Erlebnis der Willensfreiheit steht immer noch als uneingenommene Festung im Hinterland des Determinismus – und einige Kybernetiker (ausgerechnet) machen sich schon auf den Weg zu einer "Reduktion" des Ich- (und Freiheits-) -Erlebens "nach oben", hin zur Transzendenz. Powers ist einer von diesen. Wir lassen ihn zu Wort kommen.

BI3.3 System Approach to Consciousness – frei nach Powers Bewußtsein – systemimmanent oder systemtranszendent?

Analysiert man ganz einfache Regelsysteme, so zeigt sich, daß selbst dort bereits Umweltveränderungen ("Störungen" in systemtheoretischer Terminologie) nicht korrelativ auf Verhaltensänderungen bezogen werden dürfen. Die Beurteilung des Systems ist auf der Basis einer solchen Zuordnung der "Außen"-Variablen nicht möglich, da sie den aktuellen Zustand und die Geschichte des zwischengeschalteten Systems ignoriert. Die behavioristische S-R-Philosophie propagiert genau dieses und ersetzt die eigentlich interessierende Instanz des Organismus durch das 0-System der "Black-Box". Sie ist damit systeminadäquat. Systeme verfolgen immer Zwecke oder können ohne Verlust an Wissenschaftlichkeit in dieser Weise (teleologisch) beschrieben werden. Denn obwohl alle bekannten Systeme streng kausal-deterministisch arbeiten, wenn man im System bleibt, werden die Systemziele von außen gesetzt, z.B. die Sollwerte bei Regelsystemen (Beispiel Thermostat: Verstellen der Solltemperatur durch Nachtabsenkung oder per Hand).

In einer Systemhierarchie (wie in unserem Organismus) liefern die höheren Systeme die Referenz- (Soll-) -Signale für die niederen. Denkt man diesen Ansatz "nach oben hin" durch, so kommt man in logischer Stringenz zu einem Obersystem, dessen Zielzustand nicht mehr im Gesamtsystem enthalten ist – oder?

Was sind diese höchsten Zwecke der Systemhierarchie, die man nicht aus einer Systemanalyse erschließen kann? Das kann nicht irgendein hochrangiger "input" des Systems sein, denn in kybernetischer Sprechweise sind inputs immer nur Störungen, die im Sinne einer Stabilisierung des Gesamtsystems in Richtung Zielerreichung verarbeitet werden. Die höchsten Ziele kommen also nicht aus der materiellen Umwelt und der Kommunikation mit dieser, sie liegen aber auch nicht im System, wo also dann? Wer stellt die obersten Sollwerte ein? Ist diese letzte Einstellung vielleicht ein. Willensakt, der den ganzen Organismus auf ein bestimmtes Ziel ausrichtet, selbst aber nicht Teil des Systems ist? Von außen betrachtet ist "Wollen" ein Akt ohne unmittelbare äußere Ursache, also einfach eine Handlung zur Stabilisierung irgendeiner Systemebene, um dem Ziel dieses Subsystems x Genüge zu tun, das von x+1 vorgeschrieben wird, eine Handlung also aufgrund interner Referenz. Von außen gesehen kann ein System auch "wollen", ohne daß es sich dieses Akts bewußt ist, z.B. ein Schachcomputer. Wir billigen solchen Systemen Absichten zu, Rationalität. Wir interpretieren sie auf dem intentionalen Level (vgl. BII). Was bei einem System extern als Intentionalität imponiert, muß demnach nicht auch systemintern bewußtseinsmäßig repräsentiert sein. Bewußtsein ist keine Voraussetzung von Intentionalität. Was ist es dann? Was macht es für das Überleben des Systems für einen Sinn, daß Systemabläufe im Spiegel des Bewußtseins verdoppelt werden, daß wir uns in der Hierarchie unserer Kognitionen auf und ab bewegen können, verschiedene Gesichtspunkte einnehmen oder aufgeben, verschiedene Organisationen ein- und desselben "Materials" vornehmen können – wie aus einer Distanz heraus – wie aus der Distanz des Augenpaares zu einer Buchseite?

Powers: Etwas bewegt sich, etwas, das im System selbst nicht enthalten ist.

Ist dies die Beweglichkeit des Geistes, der nicht selbst Teil des Systems ist. Ist es vielleicht auch diese systemtranszendente Instanz, die bestimmte Veränderungen im System durch das Etikett des "Ich will" verdoppelt, akzentuiert oder gar herbeiführt?

Die Begründung für mein Tun ist gewöhnlich identisch mit einer Nennung der Zwecke, zunächst für die Aktionsebene, die der Handlung unmittelbar zugrundeliegt und dann durch die Angabe von Oberzielen für den jeweiligen Meta-Level bis hin zu dem subjektiven Faktum, daß i c h es gewollt habe, weil ich es gewollt habe als Mensch in dieser Situation.

Powers: "Our highest purposes have to do with continuing to be human."

Auch das Wollen zeigt eine Distanz zur Eindringlichkeit der Motive und Handlungsimpulse. Ist jene Meta-Ebene, welche die Distanz von Bewußtsein und Willen zum Systemgeschehen generiert selbst systemtranszendent? Alle Fakten weisen darauf hin. Aber ebenso wenig, wie sich Bewußtsein und Willen als Systemeigenschaften einfangen lassen, ist ihre transzendente Existenz aus den Systemeigenschaften herleitbar und bleibt zunächst eine (sehr plausible) Hypothese.
(Abb. 16,17)

MATERIALISMUS AM ABGRUND IV

Powers 1

SYSTEM APPROACH TO CONSCIOUSNESS

"His time to stop...

trying to make everything fit 19th-century-ideas of physical determinism, which are based one little more than an allergic reaction to religion" (Powers)

SYSTEMBEISPIEL THERMOSTAT (Regelkreis)

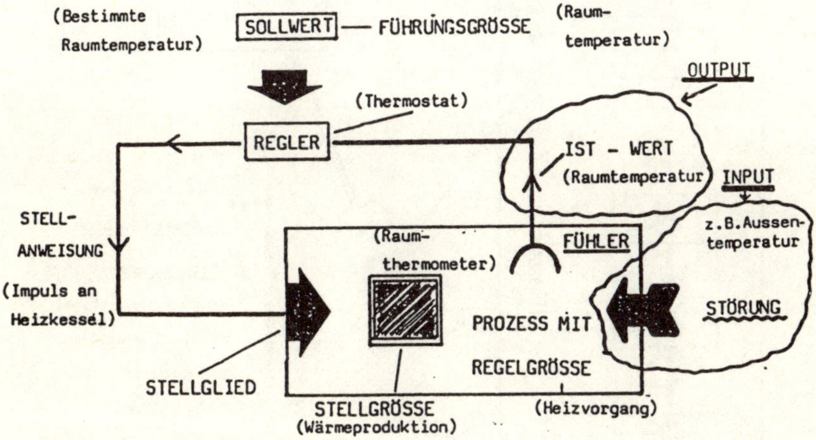

Ein System ist nicht aus der Gegenüberstellung von INPUT und OUTPUT erschließbar, gleich gar nicht aus den Eigenschaften seiner Bestandteile.

ZWECK DES SYSTEMS: Aufrechterhaltung interner Zustände gegen Störungen

Abb. 16

Powers 2

SYSTEM APPROACH TO CONSCIOUSNESS

HIERARCHIE DER SYSTEME =

= HIERARCHIE DER GRÜNDE (URSACHEN) =

= HIERARCHIE DER <u>ZWECKE</u>

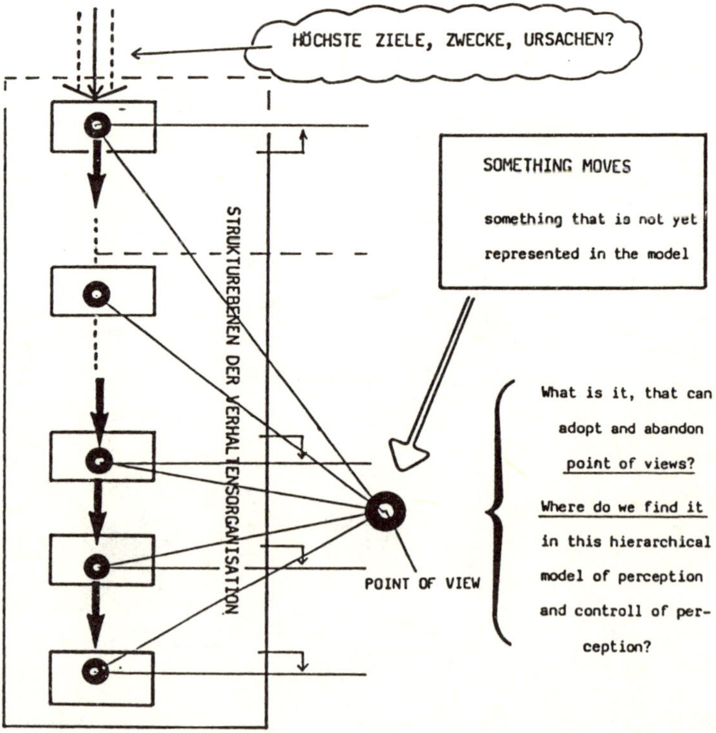

ZWECKE WERDEN VON HIERARCHISCH ÜBERGEORDNETEN SYSTEMEN GESETZT

Abb.17

Was meint nun eigentlich "Transzendenz"? Ist es nur ein Wort für "nicht im System enthalten" oder läßt es sich auch positiv festmachen? Festmachen sicher nicht, vor allem, wenn damit gemeint ist das Aufstellen von Gesetzmäßigkeiten und Regeln in diesem "übernatürlichen" Bereich. Vorstellen aber schon, denn – sind unsere obigen Vermutungen richtig – dann werden unser Bewußtsein und die darin auftauchenden Erlebnisqualitäten zu Manifestationen dieser Transzendenz und ihrer Regeln. Die Freiheit des Willens ist also keine Fiktion, sondern primäre transzendente Realität und deswegen auch nicht darstellbar als Funktion eines Umweltmodells, das in Raum und Zeit kausal geordnet ist. Physikalisch sind Raum und Zeit Eigenschaften der Materie, psychologisch (Piaget) Eigenschaften einer Rekonstruktion der Welt aufgrund unserer Sinneseindrücke und der Eigenschaften unserer Informationsverarbeitung, neuropsychologisch ein Aspekt der Welt, sowie sie sich im digitalen Modus präsentiert. Doch das "Ding an sich" bleibt uns verborgen. Dazu gehört auch unser "Ich", jene "transzendentale Apperzeption" (Kant), die unsere Erlebniswelt zusammenhält und überhaupt als "unsere" erscheinen läßt. Ist nun diese transzendente Instanz des Ich, unser Geist, nur der Bewohner eines Gefängnisses, in das die Umwelt nur durch den Filter der Sinnesorgane eintreten kann oder hinterläßt das Ding an sich, die "Objektivität" der Welt jenseits unserer Sinnesorgane Spuren in unserem Bewußtsein, ohne Vermittlung der Sinnesorgane, Botschaften aus der transzendenten Welt, die sich nicht reduzieren lassen auf das (ebenfalls transzendente) "Ich denke, also bin ich" (Descartes).

Im folgenden Kapitel werden wir in Anlehnung an C.G. Jung solche Spuren ausmachen.

BI3.4 C.G. Jung – die Begegnung mit dem Schatten Archetypen – Nahtstelle zur Transzendenz?

C.G. Jung entwickelt sich vom Freud-Jünger zum Freud-Gegner. Nicht zuletzt diese Gegnerschaft veranlaßt ihn auch, seine wissenschaftliche Gegenposition zum Reduktionismus Freuds radikal abzugrenzen gegen jeden Verdacht einer naturwissenschaftlich gefärbten Psychologie: Die seelische Wirklichkeit ist für den Menschen die einzige Wirklichkeit überhaupt im Sinne einer unmittelbaren Erfahrbarkeit. Diese Wirklichkeit hat einen bewußten und einen unbewußten Teil. Im unbewußten Areal befinden sich neben individuellen Anteilen (z.B. aus Verdrängungen) auch kollektive, die sich in höchstintensiver Weise unserem Erleben mitteilen, beispielsweise in Träumen und Imaginationen. Die dort auftauchenden Bilder und Symbole sind interindividuell von so großer Ähnlichkeit, daß Jung in ihnen einen kollektiven "Gedächtnisbesitz" vermutet. Ist dieses Repertoire von archaischen Bildern das Gedächtnis der Gattung Mensch, ein phylogenetisches Erbe oder gar der Einbruch einer "objektiven" Wirklichkeit, die sich unserer Existenz nur metaphorisch mitzuteilen vermag? Jung legt sich hier nicht fest. Für ihn besteht die strenge Wissenschaftlichkeit der Psychologie zunächst darin, die Grenzen des "Seelischen" nicht zu überschreiten, sich keine Gedanken über die Seele und ihre Beziehungen zur Objektivität zu gestatten.

Die Kraftzentren des kollektiven Unbewußten sind die berühmten Archetypen. Sie haben die Tendenz, unsere Erfahrungen zu organisieren, insbesondere dort, wo ihnen der rational agierende Verstand Terrain überläßt – so vor allem im Traum, im Bereich psychischer Störungen und im Erleben sog. "primitiver" Kulturen, als Animismus und Magie. Sie haben auch die Tendenz in immer wiederkehrenden Bildern, Konfigurationen und Beziehungen aufzutreten, wie Jung an Mythen, Märchen und religiösen Symbolen bzw. Zeremonien im interkulturellen Vergleich nachzuweisen versucht. Gene-

MATERIALISMUS AM ABGRUND V

C.G. Jung und die Archetypen

DAS KOLLEKTIVE UNBEWUSSTE
EINBRUCH DES IRRATIONALEN

WER PRÄGTE DIE ARCHETYPEN ?

AUFBAU DER PSYCHE

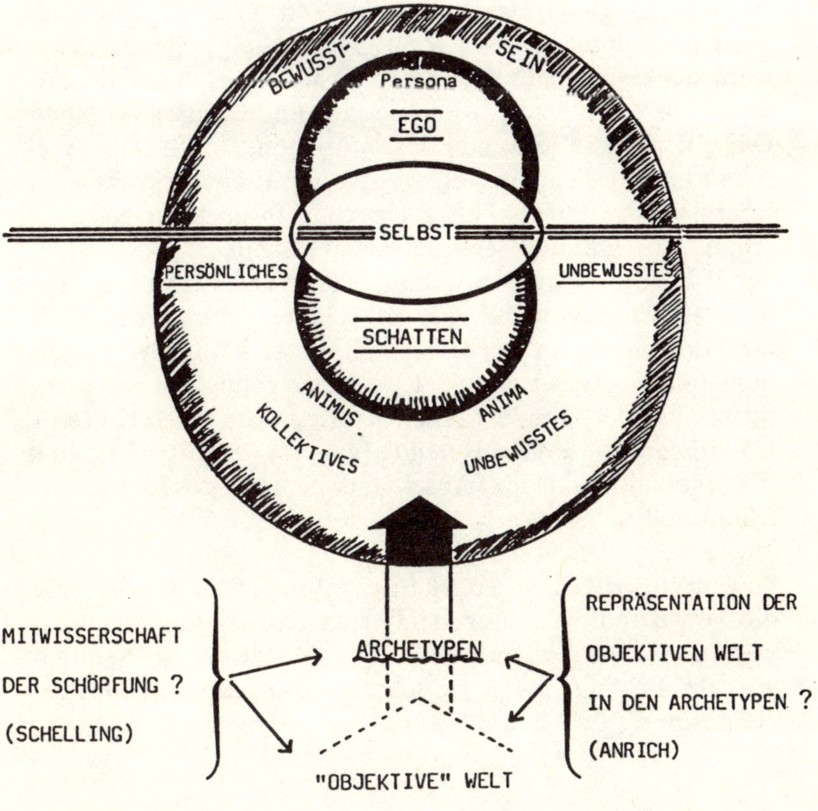

Abb.18

reller Mechanismus der archetypischen Steuerung unseres Erlebens ist die Projektion, die Nach-Außenverlagerung primär seelischer Qualitäten und Prozesse und die Fähigkeit ihnen dort als Realität zu begegnen. In dem Maße, wie es uns als "Vernunftswesen" gelingt, diese ganzheitlichen Erlebnisse durch unser analytisches Denken zu zerstückeln und damit unwirksam zu machen und uns auch als Bestandteil einer in solcher Weise zerlegten Wirklichkeit zu rekonstruieren, werden auch die archetypischen Erlebniskategorien ins Unbewußte zurückgedrängt, bleiben dort aber höchstaktiv und zeichnen verantwortlich für irrationale Verhaltensweisen jeder Art, ob individuell oder kollektiv. Die unbewußten Kräfte drängen nach Verwirklichung. Ganz besonders die Zurückdrängung des Religiösen als unmittelbare Manifestation des Archaischen durch die Aufklärung stärkt die Explosivkraft des Unbewußten. Dieses gerät gelegentlich kollektiv außer Kontrolle und ergießt sich als ein Strom von Haß und Brutalität auf die Menschheit (Revolutionen und Kriege).
Diese Kraft des Tierischen, Dämonischen, Bösen trägt jedes Individuum in sich, ein Reservoir von irrationaler krimineller Energie, den statistischen Verbrecher, in nächster Nachbarschaft zu "guten", schöpferischen Impulsen. "Schatten" nennt Jung diese negative, dunkle Seite unseres Wesens. Unsere Konfrontation mit diesem Schatten kennzeichnet die Grunddynamik der Persönlichkeitsentwicklung: die Begegnung mit dem Schatten endet, wenn sie gelingt, in einer Einbindung seiner zerstörerischen Kräfte in unser Ich-Konzept. Das Integrationsergebnis nennt Jung das "Selbst", Ergebnis der "Individuation", der Auseinandersetzung des Ich mit dem Schatten. (Abb. 18)

Soweit einige Grundgedanken der Jung'schen Psychologie, die gewiß sehr viel eingehender zu diskutieren sein wird, wenn es um ihre Fruchtbarkeit für eine Christliche Psychologie geht. Im Augenblick betrachten wir sie jedoch in ihrer Gegenposition zum Materialismus.

Wir haben zunächst festgestellt, daß Jung radikaler Psychologe ist, indem er das Seelische wirklich zur Grundlage seiner Analysen macht. Dieses Seelische weist nun kollektive Züge auf, und das Zustandekommen eines objektiven Anteils im individuellen Erleben des Einzelnen bleibt erklärungsbedürftig, wenn auch die Erklärung den empirischen Boden der Jung'schen Psychologie verläßt. Jung selbst wagt mitunter solche Grenzüberschreitungen in den Bereich einer Metapsychologie, die bei ihm transzendentale Offenheit bedeutet, nicht wie bei Freud physiologische Reduktion. Wie kommt es z.B. zur Gottesvorstellung im Erleben aller Menschen? Warum ist Gott in unserer Seele "repräsentiert"? Ist das wirklich nur eine notwendige Schlußfolgerung aus den uns umgebenden Fakten (quasi als Gottesbeweis) oder eine Eigenheit unseres Erkenntnisorgans ... oder Manifestation einer objektiven Existenz in Form einer uns zugänglichen Metapher (Gott als "Vater", "alter Mann", usw.).

Dazu Jung: "Wenn ich daher als Psychologe sage, Gott sei ein Archetypus, so meine ich damit den Typus in der Seele, was bekanntlich von ... Schlag, Einprägung herkommt. Schon das Wort Archetypus setzt ein Prägendes voraus."

Verhält es sich mit "Gut" und "Böse" ebenso? Ist uns "das Gesetz ins Herz geschrieben"? Nach Jung müssen wir uns dem Bösen in unserem Schatten stellen, wir müssen den Schatten akzeptieren, auch den statistischen Verbrecher in uns. Doch mit der Annahme ist das Böse nicht beseitigt.

Jung: "Man spricht manchmal von der Bewältigung des Bösen. Haben wir denn diese Gewalt, die es zum Bewältigen braucht? ... Wir können oft nicht sagen, wie in solchen Situationen das Problem von Gut und Böse sich löst. Wir sind da auf höhere Mächte angewiesen."!

Auch Jung räumt also ein, daß die Welt des Objektiven aber nicht Sinnesfähigen, der Transzendenz, in unser Erleben reicht und dort ihre Spuren hinterläßt als symbolhaft integrierendes Wissen, a priori gegebene Gefäße für mögliche Erfahrungen. Selbstverständlichkeiten, die wir oft restlos unserem Verstand opfern, ein Wissen über uns selbst, das wir hinwegrelativieren und lieber aus zweiter Hand als ein dürftiges Set von mechanistischen Gesetzen akzeptieren. Es liegt aber – sogar aus psychologischen Gründen – die Hypothese viel näher, daß das Menschliche, das "Humanum" sich selbst erklärt, wie Schelling schon formulierte: "Aus der Quelle der Dinge geschöpft und ihr gleich hat die menschliche Seele eine Mitwisserschaft der Schöpfung. In ihr liegt die höchste Klarheit aller Dinge."

Die Position Jungs, wie sie sich in diesen Bemerkungen mitteilt, reicht – wenn auch von ihm nur halbherzig vertreten – bereits weit über eine bloße Materialismuskritik hinaus, auch weit über eine epiphänomenale Eigenständigkeit des Subjektiven. Sie verweist bereits eindringlich auf eine transsubjektive Verankerung oder doch zumindest Beeinflussung unseres Seelenlebens und auf die Möglichkeit einer echt dualistischen Auffassung des Leib-Seele-Problems. Jung kann damit als Vorläufer einer modernen transpersonalen Richtung in der Psychologie gesehen werden, mit der wir uns kurz im nächsten Abschnitt befassen.

BI4 Transpersonale Psychologie – Subjektives als Ausdruck einer transsubjektiven Realität

Schon in den Dreißiger Jahren glaubten Anhänger und Rezipienten von C.G. Jung an eine generelle Veränderung des Bewußtseins (individuelle und kollektive), an eine geistige Erneuerung, ja sogar "Wiedergeburt".
Der Mensch hat "seinen Weg" verloren und möchte den "rich-

tigen wieder finden". Er hat ein Bedürfnis nach Anbetung und Ekstase (vgl. von Eckhartsberg, 1979). Geistige Wiedergeburt (C.G. Jung), individuelle und kollektive Wiederherstellung (Eliade) und das Thema der Erneuerung (Durand) verdichten sich zu einem modernen Mythos des "Neuen Zeitalters", des "New Age". Durch dieses wird das Zeitalter des Promethischen Kampfes um "technische Kontrolle" und der rationalen Modalität unseres Bewußtseins abgelöst durch eine mehr symbolische Vision des Lebens, begleitet von einer totalen Erfassung des menschlichen Potentials. Der "rechte Weg" ist wiederzufinden für jene, die bereit sind, die tieferen Schichten ihres Bewußtseins auszuloten, die bereit sind mittels Drogen oder Mysterienritualen ihr Bewußtsein zu erweitern bis hin zu molekularen, mikrokosmischen Projektionen oder auch galaktischen makrokosmischen. Das Ich wird dadurch in die Lage versetzt, seine Grenzen zu überschreiten, sich selbst zu transzendieren (Ego-Transzendenz wie in Leary's Exo-Psychologie).

Die Grenzüberschreitung des Ich wird zum Drehpunkt der neuen Psychologien. Das "Ich" als statische Einheit, ausgestattet mit der Fähigkeit zum Selbstbewußtsein, als etwas, das Platz in der Psyche beansprucht, wie das Unbewußte und die Archetypen, als etwas, das im Widerstreit zu letzteren liegt, ist eine überholte Vorstellung, die in der aristotelischen Metaphysik wurzelt, in der Trennung des denkenden Geists von den Dingen, dem "natürlichen Prozeß". Ist diese Trennung nicht künstlich, Manifestation einer prinzipiellen Beschränktheit des traditionellen westlichen Philosophie? Ist es nicht vielmehr möglich, den individuellen Geist eins zu machen mit einem allumfassenden kosmischen Bewußtsein, die Grenzen der eigenen Individualität aufzulösen, wie in psychedelischen oder Trance-Zuständen vielfach erlebt? Ego-Transzendenz in diesem radikalen Sinne geht zurück auf ein Bewußtseinsmodell, das in der Überwindung der eigenen Ich-Grenzen das große transpersonale Erlebnis feiert als den "höheren" Bewußtseinszustand.

"New Age" als Protagonist eines einheitlichen und einsmachenden Gruppenbewußtseins, Naturbewußtseins, Weltbewußtseins .... galaktischen Bewußtseins, einer allumfassenden friedensstiftenden Solidarität (... seid umschlungen Millionen, diesen Kuß der ganzen Welt ...) versteht Bewußtseinserweiterung in diesem Sinne gerne als weitgehende Auflösung der Ich-Grenzen auch in normalen Bewußtseinszuständen, zugunsten einer neuen Offenheit für unsere Existenz. In dieser selbsproduzierten Atmosphäre der "Selbstlosigkeit" erscheint das Ich wie das häßliche junge Entlein. Viele Transpersonalisten erblicken in diesem sehr publikumswirksamen (und auch politisch aufmotzbaren) Bewußtseinsmodell nur eine neue Art, die Probleme der Einzelnen und der Menschheit zuzudecken. Ego-Transzendenz bedeutet für sie nicht die Ich-Aufgabe im Nicht-Ich, Nicht-Selbst, und anderen exzentrischen Erlebnissen, sondern das gerade Gegenteil: Integration jenes zunächst fremden und Ich-externen Terrains in die Ego-Sphäre. Individuation der Ichfunktion durch Begegnung mit den dunklen Anteilen unserer menschlichen Existenz – wie es Jung schon beschreibt. Das Ich wird nicht zerstört, sondern in sein "rechtmäßiges Erbe" geführt. Transpersonalität ist also nicht synonym mit der Auflösung unserer Ichidentität in einer Wirklichkeit höherer Ordnung, sondern eher mit einem Einbeziehen dieser Wirklichkeit in unser Erleben als etwas Ureigenes, eine Projektion des eigentlichen Seinsgrundes auf den Bildschirm unseres Bewußtseins in den Metaphern und Zeichen unseres internen Darstellungsrepertoires. Begleitet sind diese Erlebnisse von der Einsicht, daß hier etwas symbolisiert wird, was in unserem Inneren in seiner vollen Tragweite nicht repräsentierbar ist, daß die uns erlebnismäßig zugängige Welt nur eine Andeutung der ganzen Story ist. Wir sitzen in einer abgeschlossenen Zelle, durch deren vergittertes Fenster nur ein bescheidener Teil des ganzen Panoramas eindringt, wohlwissend, daß dies nur ein Teil ist und daß die Enge der Zelle zwischen uns und der Totalität steht. Diese uralte Metapher vom Geist im Gefängnis des Körpers wird im Lichte transpersonaler Erfahrungen wieder aktuell. Die Frage nach dem Bewohner des Gefängnisses, der mehr weiß als er sieht und mehr ahnt als er für vernünftig hält, ist eine transpersonale Frage, eine Frage nach der Möglichkeit von Erfahrungen ohne Vermittlung des Körpers.

C.T. Tart nähert sich dieser Frage mit den konventionellen Methoden der modernen Psychologie. Seine Resultate lassen sich allerdings nicht in konventionellen psychologischen Theorien unterbringen; sie sind als Beweis für die dualistische Realität unserer Existenz gedacht. Unter streng wissenschaftlichen Laborbedingungen untersucht Tart Personen, die mehr oder minder regelmäßig davon träumen, ihren Körper zu verlassen, um sich in dessen näherer oder weiterer Umgebung aufzuhalten, bei vollem Bewußtsein und voller Sinnestüchtigkeit, was das für die außerhalb des Körpers befindliche Entität auch immer bedeuten mag. Tart versucht zunächst diese Träume zeitlich zu lokalisieren und in ihren physiologischen Begleiterscheinungen festzuhalten, was in einem modernen Traumlabor keine Schwierigkeiten bereitet. Weiter instruiert er seine Versuchspersonen nach Verlassen des Körpers, eine fünfstellige Zufallszahl zu lesen und sich zu merken. Diese Zahl ist auch ihm zunächst unbekannt und so angebracht, daß sie nur von jemandem gelesen werden kann, der an der Decke schwebt. Auf diese Weise werden Out-of-the-Body-Experiences (abgekürzt: OOBE) ins Labor geholt. Vorläufiges Resultat:
OOBE ist begleitet von neuartigen EEG-Mustern. Die Versuchsperson ist (allerdings nicht immer) in der Lage, die verlangte Information zu liefern. Wenn diese Untersuchungen, aus Mangel an Versuchspersonen, auch nicht massenhaft reproduzierbar sind, so geben sie doch Evidenz dafür, daß OOBE keine bloße Illusion ist. Etwas in uns als Ich-identisches Wesen, oder einfach wir selbst, sind – oft nur in bestimmten Grenzsituationen (z.B. klinischer Tod) – in der Lage, unseren Leib zu verlassen, uns an andere Örtlichkeiten zu begeben und dort überprüfbare Wahrnehmungen zu machen. Aufgrund dieser Ergebnisse und vieler einschlägiger Berichte aus

der parapsychologischen Untersuchung der sog. PSI-Phänomene findet Tart einen materiellen Monismus für das "Leib-Seele-Problem" als unhaltbar. Er entscheidet sich für den Dualismus, den er durch seine Forschungen belegen will ("An empirical testable dualism").
Träger der dualen Konfiguration ist auf der materiellen Seite das Gehirn (Brain ist gleich B-System), auf der geistigen Seite etwas, was uns zu lebendigen Wesen mit einem Geist macht (Life-Mind ist gleich L/M-System). Beides zusammen erzeugt unser bewußtes Erleben. Die M/L-B-Interaktion vollzieht sich durch Wirkungen, die den paranormalen PSI-Kräften verwandt sind; Tart nennt sie Auto-Psi und versteht darunter das "normale" M/L-B-Interaktions-Medium. Im Gegensatz dazu ist Allo-Psi die nicht generell nachweisbare Fähigkeit, in die Umwelt hinein paranormal aktiv zu werden. (vgl. dazu Abb. 19)
Natürlich handelt es sich bei diesen Begriffen zunächst nur um Etikette, die etwas transportieren, was auch nicht im Ansatz in unseren konventionellen Wissenschaftssystemen verstanden ist (sieht man einmal von modernsten mikrophysikalischen Spekulationen ab). Dennoch bleibt ein nicht wegzurationalisierender Rest an Evidenz für eine dualistische Leib-Seele-Konzeption. Mehr noch: die OOBE-Protokolle zeigen, daß das M/L-System für sich als "reines Bewußtsein" existenzfähig ist, offensichtlich aber nicht das B-System ohne M/L-System. Die OOBE-Zustände können in vielen Fällen nur maximal eine halbe Stunde aufrechterhalten werden. Nach mehr oder minder kurzer Zeit entsteht ein Drang, wieder in den Körper zurückzukehren, der Beginn pathologischer Körperveränderungen wird berichtet bis hin zum drohenden Tod des Körpers. Möglicherweise ist das B-System allein nicht in der Lage, auch nur für kurze Zeit die Komplexität der organismischen Steuerung zu meistern.

Eine Prävalenz des Geistigen vor dem Organischen deutet sich hier an, Manifestation eines Prinzips, das sich auch ontologisch tieferen Ebenen der Existenz mitteilt als die Prävalenz

Der Homunculus bekommt eine Seele -

- wird zum Menschen ???

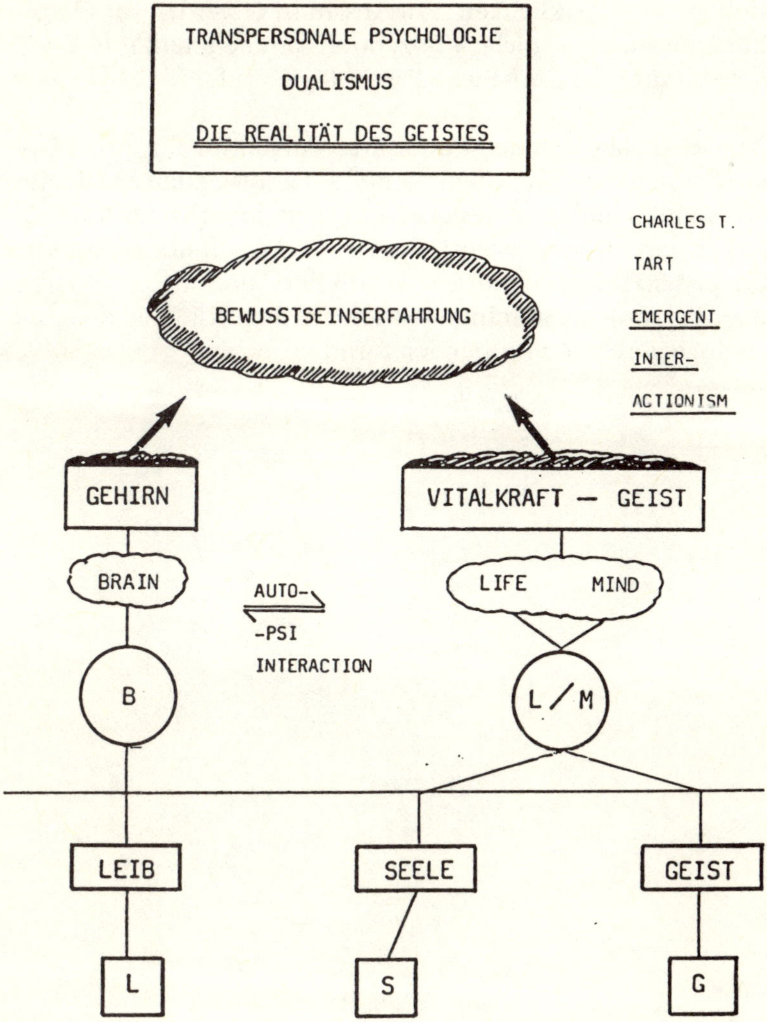

Abb.19

der Information vor der Struktur in Mikrobiologie und Physik. Wir stehen erst am Anfang dieser Erkenntnis. Noch gibt es kein psychologisches Menschenbild in der wissenschaftlichen Psychologie, das ausdrücklich Bezug nimmt auf einen spiritualen Monismus und die Epiphänomenalität der materiellen sog. "Wirklichkeit". In Abschnitt C werden wir Plausibilitäten für eine solche Konzeption sammeln und ihre Tauglichkeit für eine Christliche Psychologie prüfen.

Zunächst aber beenden wir unseren kurzen Ausflug in die Galerie psychologischer Menschenbilder und wenden uns der interessanten und sehr aktuellen Frage zu, in welchem Ausmaß das psychologische Vorurteil über das Wesen des Menschen die psychologische Intervention diktiert, und wie das Wissen über Psychologie und Intervention aus dem Klienten den psychologiegerechten Probanden formt.

B II

Psychologische Intervention

Ganz allgemein:
Die Methodologie einer Wissenschaft bestimmt ihren Gegenstand – nicht die Phänomene, die sie vorgibt zu untersuchen. So ist das menschliche Verhalten Untersuchungsobjekt verschiedener Wissenschaften, wie Physiologie, Psychologie und Soziologie. Die Resultate dieser Forschungszweige sind jedoch weitgehend verschieden voneinander, bedingt durch die Methoden, Einschränkungen, Operationalisierungen usw. – mit einem Wort durch die Instrumente, Mithilfe derer sie das Untersuchungsobjekt be"greifen".
Oft geht der im Wissenschaftsetikett angekündigte Gegenstand dabei verloren, weil er als Relikt aus der "Philosophischen Kindheit" der Wissenschaft empirisch gar nicht festzumachen ist und irgendwann als Metaphysik zur bloßen Fiktion wurde. So ist es der "Psyche" in der Psychologie ergangen. Man hat sich daran gewöhnt, weil sich Seele nicht als Substanz verstehen läßt. Der suggestive Trugschluß, daß alles, was sich nicht als Substanz präsentiert, gar nicht existiert, wird bereitwillig mitvollzogen.
Natürlich kann die Intervention, die Anwendung einer Wissenschaft, nicht weiter reichen als ihre Forschungsmethoden. Intervention ist also ein getreues Abbild vom Wirklichkeitsbegriff einer Wissenschaft. Der Methodenfilter erzeugt die Wirklichkeit und bestimmt damit, was machbar ist. Unserer Betrachtung über die psychologische Intervention sei eine

metaphorische Fassung dieser Weisheit vorangestellt:
Wenn das einzige Werkzeug, das du hast, ein Hammer ist, so behandelst du alles wie einen Nagel. Abb.20 verleiht diesem Satz psychologische Relevanz. Wir wollen seine Gültigkeit etwas detaillierter untersuchen, und zwar für die materialistische Psychologie (Abschnitt BII1) und die spiritualistische Psychologie (Abschnitt BII2). Die materialistische Psychologie wird dabei nicht aufgegliedert wie in Abschnitt BI, weil die Interventionstechniken im therapeutischen und Beratungsbereich auf den Anwendungsgebieten der Psychologie sich generell verstehen als Strategien zur Beseitigung und Vermeidung von "Störungen". Transpersonale Konzepte dagegen zielen ab auf die Vervollkommnung des Menschen, die eine Störungsbeseitigung automatisch einbegreift. Genau diese Dichotomie von "Korrektur" und "Erneuerung" steht hinter der folgenden Zweiteilung des Bereichs Intervention.

Methodenfilter

Wenn das einzige Werkzeug, das du hast, ein Hammer ist,

so behandelst du alles wie einen Nagel

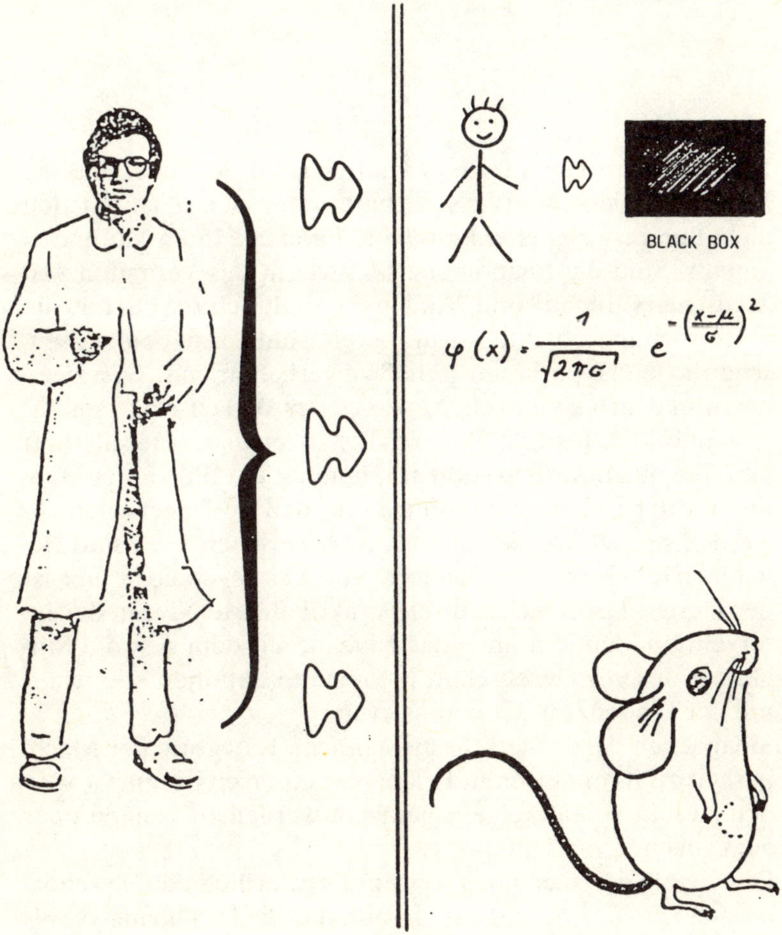

—INTERVENTIONEN

Abb.20

BII1 Machbarkeit durch Reduktion Intervention im Materialismus Der Reparaturgesichtspunkt und seine Konsequenzen

Der Satz vom Hammer und vom Nagel drückt aus, daß die Methodologie einer Wissenschaft unter den Phänomenen nicht nur auswählt, sondern die Phänomene ihren Methoden anpaßt. Sind die Phänomene Menschen, das Verhalten von Menschen ("Innen" und "Außen") so läßt sich zeigen, daß die Untersuchungsobjekte sogar bereit sind, sich den wissenschaftlichen Hypothesen gemäß zu verhalten, ja sich so zu erleben und sich so zu sehen, wie es der Wissenschaft gefällt. Um im Bild zu bleiben. Wenn es Instanzen in der Gesellschaft gibt, die qua ihrer Funktion als Hammer die Individuen ständig mit der Behauptung infiltrieren, daß sie Nägel seien, so werden sie sich irgendwann als Nägel erleben – es sind Behämmerte. Genau das passiert. Von der Psychologie her ist der Design-Level nicht nur das praktikabelste Niveau der Intervention, sondern auch das Niveau, auf dem sich die Mitglieder unserer Gesellschaft in vielen Situationen erleben – mit der Tendenz zur Generalisierung!
Sie machen damit die sehr erfolgreiche Kategorie der Machbarkeit zu ihrem eigenen Erleben – einerseits gemacht worden zu sein – andererseits gemacht werden zu können oder auch machen zu können.
Der Erfolg der auch noch so primitiven orthodoxen Psychoanalysetechniken beruht u.a. darauf, daß die Psychoanalyse als wesentlichen Bestandteil der Methode ihr Menschenbild vermittelt, das zum Selbskonzept wird und gemäß dem man sich

nach einiger Zeit verhält. In allen Wissenschaften – aber speziell in der Psychologie – ist die Vermittlung eines Weltbilds ganz beiläufig zum "objektiven Wissensbestand" lediglich eine Frage der Zeit. Die Grenzen dafür sind sehr weit gesteckt: von der wissenschaftlichen Begründung von Rassenwahn und Völkermord über moderne Eugenik- und Euthanasiebestrebungen bis hin zu einer Abtreibungsphilosophie, die uns weismachen möchte, daß der Mensch in den ersten drei Lebensmonaten noch keiner ist. Die Wissenschaft ist auf dem Wege, zur obersten moralischen Instanz der Gesellschaft zu werden (vgl. Milgram-Experiment!) – und das auf dem Design-Level, soweit es die Psychologie betrifft und auf dem Physiko-Chemischen Level soweit es die Medizin betrifft.
Daß in diesem dichtgepackten Kausalgefüge von Mensch und Umwelt kein Platz für den freien Willen ist, versteht sich von selbst. Daß Schuld, Verantwortung und Moral auf dem Störungsniveau abgehandelt werden und damit auf der Strecke bleiben, folgt daraus unmittelbar.
Mittelbar folgt:
- daß sich der Mensch definiert als Spielball seiner Triebe
- und gerne so sehen möchte
- und sein Dasein als Lustmaximierung plant.

Der Mitmensch ist in dieses Treiben so weit miteinbezogen, als er dem Oberziel behilflich ist, wird aber ansonsten als Konkurrent empfunden. Alle Garantien für die Erreichung dieses Ziels werden möglichst institutionalisiert und als Aufgabe des Staates gesehen – so daß der Staat, wenn er überfordert ist, als Verweigerer ersten Ranges erscheint. Gefährlich wird es erst, wenn der Staat in einer futuristischen Gesellschaft wirklich zum Lustspender ersten Ranges avanciert. Dann darf er sich der rückhaltlosen Anerkennung seiner verfaßten Prinzipien erfreuen, welche auch immer das sind!
Soweit das düstere Ziel des Wegs, den die Gesellschaft genommen hat, auf einen einfachen Nenner gebracht: die Maximierung der Machbarkeit in Gesellschaft und Natur führt zu einer Minimierung der freien Entscheidung (falls diese nicht sowieso eine Fiktion ist). (Abb.21,22)

Machbarkeit durch Reduktion

Intervention im "harden" Materialismus

LEVEL	WISSENSCHAFT	MENSCHLICHES SELBSTVERSTÄNDNIS
Intervention auf dem DESIGN - LEVEL	**Psychologie** Psychoanalyse/ Lernpsychologie Alles Verhalten ist - triebdeterminiert - umweltgesteuert ↓ Kausalgenese Psychotechnik Alles Verhalten ist - vorhersagbar (erklärbar) - modifizierbar - optimierbar	TENDENZ ↴ Der Einzelne (und die Gesellschaft) sieht sich als planbar, machbar, steuerbar und voll determiniert durch Anlage und Umwelt "Aus mir kann im Prinzip alles werden." Alle Abweichungen (einschließlich der kriminellen) sind grundsätzlich therapierbar, korrigierbar

Mittelbare Folgen der Reduktion:

Opfermentalität	Anspruchsmentalität	Machermentalität
Reduktion von "Schuld" auf Ursachen Verschiebung auf "Umstände"	Recht auf Gleichverteilung der Opferart	Notwendigkeit einer universellen Intervention

Intervention auf dem PHYSIKO-CHEMISCHEN LEVEL	**Medizin** Naturwissenschaftliche Medizin Das Wohlbefinden des Menschen ist im Grunde von chemo-physikalischen Prozessen bestimmt (Tabletten- u. Apparate-Medizin)	TENDENZ ↴ Krankheiten sind im wesentlichen Organstörungen, die getrennt von der übrigen Person korrigierbar sind

Mittelbare Folgen der Reduktion:

HEDONISMUS

↙ Optimierung des Wohlbefindens notfalls (oder überhaupt) durch Drogen ("Bewußtseinserweiterung")

↘ Distanz zu Krankheit und Leiden

Abb.21

Machbarkeit durch Reduktion

Intervention im "soften" Materialismus

Symptomverschiebungen bis ans Ende aller Tage!

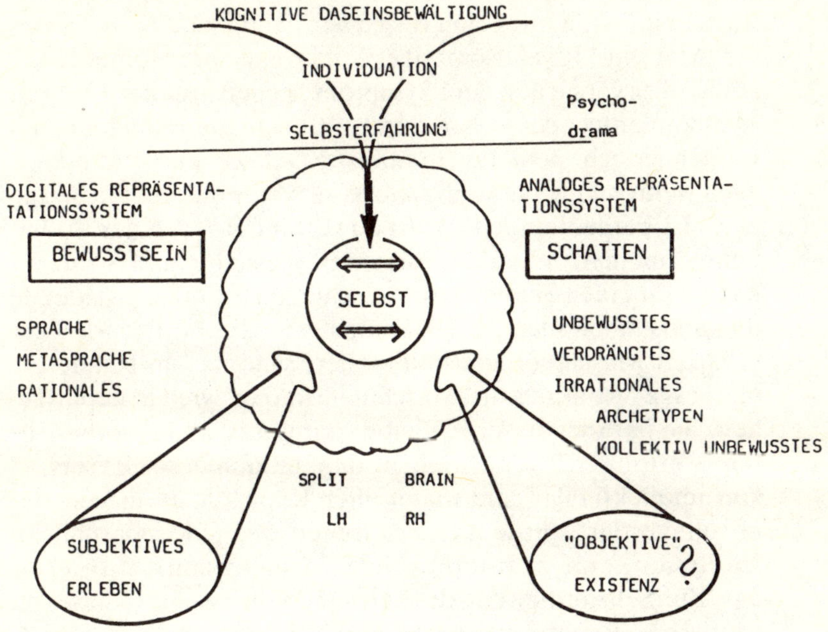

Die Psyche ist nur einseitig verankert

Sie hat Schlagseite

- Sind - auch in einer vollständigen säkularen Psychotherapie -

keine Themen: - Schuld und die damit zusammenhängende existentielle

A N G S T

- gestörte Gottesbeziehung

- die absolute Verankerung des Individuums in einer

O B J E K T I V E N   E X I S T E N Z

Die Begegnung mit dem Schatten findet niemals statt,

wenn die Wirklichkeit, die es repräsentiert, nicht akzeptiert wird.

Abb.22

An einem Beispiel:
Kommt ein Mensch mit Magengeschwüren zum Arzt, so wird sich dieser verpflichtet fühlen, die "Störung" auf dem physikalisch-chemischen Level abzuhandeln. Auch der Patient erwartet eine Pille, die seine Beschwerden behebt. Selbst wenn der Arzt ein "Psychosomatiker" oder gar ein "Homöopath" ist, wird er versuchen dem Symptom "gegenzusteuern" durch Medikamente oder sogar durch "Entspannungstechniken". Immer jedoch steht der manifeste Defekt im Mittelpunkt, auch wenn man wohl weiß, daß es sich hier nur um die Spitze eines Eisberges handelt. Willst du verhindern, daß der Boden unter einem tropfenden Wasserleitungshahn naß wird, so kannst du einen Eimer darunterschieben – immer wieder – du kannst aber auch die Dichtung auswechseln. Die Medizin repariert Maschinen und interessiert sich nur am Rande für die Frage, wodurch die Maschinen immer wieder kaputtgehen. Sie hat sich dieser Aufgabe so intensiv und – unbestritten – erfolgreich verschrieben, daß ein immenses Reservoir von intellektueller und materieller Kapazität in diesen Bereich investiert wurde, der inzwischen, wie jede menschliche Institution, eine selbsterhaltende Eigendynamik entwickelt hat. Zur Selbsterhaltung des "Gesundheitswesens", dieses gigantischen Reparaturbetriebs, gehört natürlich die Abschottung nach außen und die Stabilisierung nach innen. Die Entwicklung eines Normenkatalogs, in dem Symptomkuren zu Heilmaßnahmen avancieren und die Etablierung eines Weltbildes, in dem sich der Mensch als ein Bündel recht komplizierter physiologischer Prozesse erlebt, worin jede Krankheit restlos aufgeht. Damit kein Mißverständnis entsteht: Hier wird nicht gegen eine Medizin argumentiert, die ein beachtliches Instrumentarium von naturwissenschaftlichen Möglichkeiten entwickelt hat, um menschliches Leid zu lindern und Behinderungen zu kompensieren. Das Argument geht gegen den Ausschließlichkeitsanspruch der chemo-physikalischen Reduktion und gegen die Indoktrinierung des Klientels mit dieser Platitüde. Unser Patient erwartet ja nichts anderes als eine Tablettenkur, auch wenn er mit Gallenbeschwerden,

Darmbeschwerden, Herzbeschwerden oder Atemnot antritt oder gar mit einer sog. Psychose in der Psychiatrie erscheint. Mit fast dämonischem Eifer versucht man gerade die Schizophrenie durch die vielleicht 35. (?) somatische Theorie zu erklären, ohne dem Phänomen dadurch näher zu kommen. Die somatische Theorie soll natürlich den Chemismus dieser "Geistes-" Krankheit erhellen, damit pharmazeutisch interveniert werden kann. Damit auch hier keine Mißverständnisse entstehen: Natürlich können auch psychische Erkrankungen massive somatische Korrelate oder Wirkungen aufweisen, und es ist nicht abwegig, nach diesen zu forschen. Verhängnisvoll ist nur der Stereotyp, daß Krankheiten nur dann echt sind, wenn körperliche Veränderungen pathologischer Art nachgewiesen werden – alles andere ist Einbildung. Simulation, Hypochondrie, Neurose, nur vegetativ … . Die "nur" psychische Repräsentanz eines Krankheitserlebens pervertiert den schulmedizinischen Krankheitsbegriff. Krankheitserleben ist eben die Bewußtseinsseite von pathologischen Erscheinungen im körperlichen Bereich. Sind diese nicht nachweisbar, so ist das Krankheitserleben vorstellungsmäßig produziert und unecht.

Sigmund Freud hatte den Mut, sich mit diesen (falschen) Vorstellungen auseinanderzusetzen und ihnen Krankheitswert zuzusprechen – gegen den erbitterten Widerstand der medizinischen "Fachwelt". Dennoch, auch er konnte sich im Grunde genommen nie aus dem materialistischen Sog seiner "Naturwisschenschaftlichen Grundüberzeugungen" befreien. Seine Modelle sind zwar spekulativ, aber mechanistisch bis ins Detail. Die psychische Dynamik ist reduziert auf energetische Umverteilungen der Libido. Und das ist nicht nur eine Metapher. Die Libido wird als Quantität behandelt und ist substantiell gemeint. Freud schwärmt immer wieder von einer Reduktion psychischer Phänomene auf eine sog. Metapsychologie – er träumt davon, daß seine Konstrukte zurückkehren auf den Boden naturwissenschaftlicher Fakten. Bei Freud und bei vielen seiner Nachahmer wird das Psychische nur als Hebel benutzt, um das somatische Korrelat wieder zu reorganisieren – wenn auch kaum explizit ausgesprochen. Die Stabilisierung des psychischen Geschehens in der Psychotherapie wird zum ökonomischen Weg für die eigentlich gemeinte Homöostase des somatischen Milieus. Wenn wir unseren Magenkranken zum Psychotherapeuten schicken, weil die Tablettenkur zum x-ten Male nur vorübergehend geholfen hat, so wird sich ganz sicher der Eingriffspunkt der Intervention nach oben verschieben. Das Reparaturziel wird umfassender: Aufarbeitung von Konflikten in der Lerngeschichte des Patienten, die sich letztlich "somatisierten". Was erwartet der Klient in der Psychotherapie? Ganz sicher keine Tabletten oder so etwas ähnliches: die psychotechnische Manipulation des Helfers, das Handeln des Therapeuten, das er mit sich geschehen läßt, die Relativierung des eigenen Fehlverhaltens, das Glück alles so erleben zu können, als ob es unabwandelbar so geschehen hat müssen, die totale Kausalgenese der gegenwärtigen Situation – denn ein erklärter Defekt tut nur noch halb so weh. Ist die Störung benannt und ätiologisiert, so ist sie im wahrsten Sinne des Wortes auch "entschuldigt". Sie hat das Stigma der Krankheit und der Patient das Stigma des Opfers – Opfer der eigenen Konstitution und der Umstände. Sich in dieser Weise von einer Krankheit zu distanzieren läßt den Selbstwert ungeschoren oder motzt ihn sogar auf, sollte er schon dezimiert sein. Die Störung wird in die Peripherie geschoben und vorwiegend an äußeren Umständen befestigt, die man sowieso nicht ändern kann. Der Soziologe bestätigt das Märchen von der krankmachenden Gesellschaft und schon hat man als einzelner Klient das befriedigende Gefühl zu einer Gemeinschaft der Leidenden zu gehören: die eigentliche Heilung von der ganzen Misere, so wird im Laufe langer Jahre der Psychotherapie klar, wäre eine radikale Änderung der menschlichen Gesellschaft, zugeschnitten auf die im Prinzip funktionstüchtige Person des Klienten (eines jeden Klienten), der immer schon o.k. war und nur am Milieu leidet.

Ist die Veränderung des sozialen Milieus auch noch Aufgabe des Therapeuten? Sicherlich nicht, wenn man an Gesetzge-

bung oder Revolutionen denkt. Hat man aber erst einmal kapiert, daß sich Gesellschaften nur ändern, wenn sich der Einzelne ändert, so definiert man damit ein neues Interessenfeld der psychologischen Intervention: die Pädagogische Psychologie, die psychologische Prävention und Psychohygiene, die Erziehung eines neuen Menschen, der weitgehend von krankmachenden Erfahrungen bewahrt wird, den "Deformationen" seiner Persönlichkeit.
Zunächst einmal gilt es den Feind überhaupt auszumachen. "Das größtmögliche Glück für die größtmögliche Zahl" war eine Forderung des alten englischen Utilitarismus (Bentham). Was hindert die Gesellschaft an der Durchsetzung dieser Maxime? Was hindert den Einzelnen an der Maximierung seiner persönlichen Bedürfnisbefriedigungen?
Es sind vor allem überflüssige gesellschaftliche Normen. Festschreibungen von Ungleichheit, Festschreibungen von wechselseitiger Unterdrückung, übertriebene Moralvorstellungen und, und, und ... – mit einem Wort: "Repressionen", irrationale, d.h. psychologisch unhygienische Zwänge, die von der Gesellschaft dem Einzelnen auferlegt werden, und die schlichtweg zu pathogenen Faktoren erklärt werden. Das Schlagwort für die Beseitigung dieser historischen Relikte, für die Reparatur der Gesellschaft, heißt "Emanzipation":
Die Frauen müssen befreit werden von der Männerherrschaft, die Sexualität muß befreit werden von allen Tabus, Perversionen müssen befreit werden vom Etikett der Krankhaftigkeit, Kinder müssen befreit werden von der alleinigen Autorität der Eltern, Arbeitnehmer müssen befreit werden von der Bevormundung durch den Arbeitgeber, Kriminelle müssen befreit werden vom Makel der Schuld und der Demütigung der Strafe – jeder habe die gleiche Chance zur Entfaltung seiner Persönlichkeit und hat er sie nicht, so ist der Defekt zu kompensieren. Das Hinterfragen der Normen in Erziehung und Gesellschaft wurde zum Steckenpferd der Psychologie (und einiger psychologisch infiltrierter angrenzender Wissenschaften) seit Freud und dem Behaviorismus. Das Erziehungssystem wurde mehrfach total umgekrempelt und den

"neuesten Erkenntnissen" der Psychologie angepaßt. Vieles davon ist gewiß nicht schlecht, dort, wo es um die Verbesserung von Techniken und Strategien geht (z.B. in Didaktik, Kommunikation, Gesprächsführung, usw.). Problematisch wird die Sache, wenn eine empirische Wissenschaft damit beginnt, das tradierte normative System einer Gesellschaft in Frage zu stellen. Auch wenn das zunächst nur an einigen Stellen und vielleicht legitimerweise geschieht, so verbreitet sich doch recht schnell die nicht mehr hinterfragungsbedürftige Obernorm, daß alle Regeln des gesellschaftlichen Zusammenlebens letztlich nur Gruppeninteressen reflektieren, relativ sind – immer schon längst geändert werden müßten und zumindest einer Inquisition unterzogen werden müssen.

Natürlich weiß jeder Psychologe, daß das reibungslose Funktionieren gesellschaftlicher Prozesse ein Repertoire von Selbstverständlichkeiten benötigt, eine axiomatische Basis sozusagen, aus der Aktuelles ableitbar wird. Wo dies nicht der Fall ist, entsteht Unsicherheit, Gleichgültigkeit, eine Überbewertung individueller Bedürfnisse bis hin zur Haltlosigkeit.
Ein schizoider Zug der modernen Psychologie? Vielleicht. Vielleicht aber auch zwei Psychologien in Gegenposition: eine, die in klassischer empirischer Manier nur beobachtet und beschreibt und eine, die in die zu beobachtende Wirklichkeit eingreift und sie verändert. Die letztere transportiert in sehr effizienter Weise Politik – eine Politik der Zerstörung von Wertverbindlichkeiten und Werten – eine Politik der Favorisierung von Unverbindlichkeiten und persönlicher Lustmaximierung durch Niederreißen von Grenzen.

Die Resultate sind bekannt. "Lust will Unendlichkeit" – einer der weisen Sätze von Friedrich Nietzsche. Wenn jemand glaubt, den Menschen zu befriedigen und glücklich zu machen durch weitgehende Einebnung der Triebkanalisation – der wird eine Überschwemmung verursachen. Auch das wissen wiederum die Psychologen, inzwischen. Es reicht dem Menschen nicht, in einer konfliktarmen und motivsättigenden Umgebung zu leben. In einer Gesellschaft, die sich weitgehend aller materieller Bedürfnisse annimmt und beratend in viele psychische und soziale Probleme eingreift, die Wohlfahrt und primäre Zufriedenheit garantiert und auch verwirklicht; in einer Gesellschaft wie der unseren verstärkt sich die Frage nach dem Ziel, dem Sinn des Lebens. Markiert diese Frage einen neuen Defekt? Es geht hier nicht mehr um Defektbeseitigung oder Defektvermeidung – es geht hier um den Kern der Menschwerdung des Individuums, nicht um das Vegetative und das Animalische, sondern um das spezifisch Humane. Die mechanistische Psychologie ist für diese Fragen nicht mehr zuständig. Noch bevor sie diese Frage nach dem Sinn öffentlichkeitswirksam auf eine Deprivation im animalischen Bereich reduzieren konnte, hat eine andere Psychologie, die neue Psychologie diese Frage für legitim erklärt. Die Humanistische Psychologie hat die Frage nach dem Sinn zum Thema gemacht und ihr in altbewährter Tradition gleich ein Motiv zugeordnet: das Motiv der Selbstverwirklichung (z.B. Maslow). Aber nicht nur das. Die Humanistische Psychologie möchte auch Antworten geben, z.B. die Antwort auf die Frage "Wer bin ich und wo gehe ich hin?". Sie wendet sich mit ihrem Programm gegen Materialismus und Atheismus in der Psychologie und inszeniert die eigentliche Wende in der Psychologie, die spiritualistische Wende: Im Vordergrund steht dabei das Wissen um die transpersonale Verankerung unseres Seins und die Erfahrbarkeit dieser Wirklichkeit.

BII2 Machbarkeit durch Bewußtseinserweiterung
Intervention im Spiritualismus
Der Selbsterlösungsgesichtspunkt und seine Konsequenzen

Man hat sich inzwischen gewöhnt an Therapieschlagworte wie "Gestalt", "Transaktionale Analyse", "Psychodrama", "Encounter". "RET" (Rational-Emotive Therapie) und "NLP" (Neurolinguistisches Programmieren), aber auch an "Autogenes Training" und "Bioenergetik". Man glaubt zu wissen, daß diese Therapietechniken sich irgendwann nahtlos einfügen in eine weniger materialistische und vorwiegend kognitiv orientierte Psychologie (vgl. Softer Materialismus), daß die Anwendung zwar oft der theoretischen Fundierung vorauseilt – aber nicht zum Schaden der Klienten. Für die klassischen Versionen dieser Therapieformen mag das erstere durchaus plausibel sein: die Wiederentdeckung der Kognitionen als Königsweg zur Reorganisation tiefer liegender seelischer und körperlicher Prozesse. Doch es stellte sich bald heraus – und diese Erkenntnis war unvermeidlich, weil faktisch richtig – daß das Bewußtsein nicht nur als epiphänomenaler Überbau dem Organismus aufgepfropft ist (vgl. Evolutionstheorie), sondern daß es den Organismus zu dominieren vermag und mit seiner Eigendynamik weit in einen metaphysischen Urgrund unseres Seins reicht. Dieser Urgrund entzieht sich zunächst wissenschaftlichen Herleitungen und Reduktionsversuchen, ist aber erfahrbar und intersubjektiv kommunizierbar. Mit einem Mal ist die primäre Subjektivität der menschlichen Existenz im Zentrum des Interesses, die Erweiterung und Eroberung unserer Welt "nach innen" – und es ist die Verbindung hergestellt zu allerlei religiösen und magischen Ritualen bisher "unwissenschaftlicher" und "primitiver" Heilslehren: Die Grenzen zwischen Psychotherapie, Weltanschauung und Religion verschwinden, ebenso alle Einbindungen in traditionelle wissenschaftliche Kontexte. Der Bereich der psychologisch-psychotherapeutischen Intervention explodiert zum Psychomarkt. Inzwischen werden viele hundert (!) Therapietechniken angeboten. Auch in der BRD existieren bereits 500 verschiedene Institute für Therapieausbildung. Wortwahlen wie "Rebirthing", "Transpersonale Mentalenergetic", "Reinkarnationstherapie", "Hypnotherapie", neben "Transzendentaler Meditation", "Zen-Buddhismus", "Tantra". "Yoga" und "T'ai Chai Ch'an" lassen erkennen, daß die Psycho-Intervention die Psychologie weit hinter sich gelassen hat und im

Grunde mit ihr nichts mehr zu tun haben will – außer vielleicht für den Erwerb einer Berechtigung zur beschränkten Ausübung des Heilberufs im Psychotherapiebereich durch das Psychologiediplom. Aber auch das wird zumindest in jenen Bereichen fraglich, wo es gar nicht mehr um Heilung, sondern um Heil und Vervollkommnung geht, um Selbstverwirklichung und Selbsterlösung. Es ist nur dem hohen Ansehen der Wissenschaft in unserer Gesellschaft zu verdanken, daß viele jener Transpersonalisten sich um eine wissenschaftliche Verankerung ihres Konzepts bemühen, durch die Konstruktion neuer Metaphysiken von kosmischer Reichweite und die Ausnutzung physikalischer Reflektionen der New-Age-Szene (z.B. Capra und Bohm), so z.B. Grof. Doch bleiben die Ansätze fragmentarisch und irgendwo auch überflüssig. Die "neue Psychologie" ist in erster Linie Ritual zur Veränderung (sieht man einmal von dem sicherlich oft vordergründigen Honoraraspekt ab). Der Psychotherapeut wird zum Guru, zum Vermittler von Transzendenz und pseudoreligiösem feeling. Dazu folgendes Spiegelzitat aus dem Erlebnisbericht eines Teilnehmers an Stanislav Grofs "Holonomischer Integration", von diesem Teilnehmer einfach als "Transpersonalistentrip" bezeichnet:

> "Wir üben Stanislavs »holonomische Integration«, kurz: den Transpersonalisten-Trip. Diesmal liegen wir in zwei Reihen nebeneinander. Nach mehreren autogenen Entspannungsübungen beginnen wir auf Grofs Anweisung mit dem tiefen schnellen Atmen. Der Raum ist abgedunkelt, aus den Lautsprechern dröhnt Rachmaninows symphonische Dichtung »Die Toteninsel«.
> Nach einer halben Stunde bleiben sechs Leute schreiend und wimmernd wieder in frühkindliche Träumen hängen. Weitere vier wälzen sich am Boden, die Arme und Hände wie in einem epileptischen Anfall spastisch verkrampft – die für Hyperventilation typischen Symptome. »Euer rationales Bewußtsein will die Kontrolle nicht verlieren«, erläutert Stanislav, die

Klienten sollten den Trip fortsetzen und »durch diese Sperre hindurchgehen«. Inzwischen begleitet uns der monoton-rhythmische Gesang der Heleveti-Jerrahi-Derwische des Scheichs Muzaffer. Unsere Gruppe schnauft und röchelt unablässig im Takt. Weitere zwei Leute brechen ab, stehen langsam auf. Im Schwindel mit den Händen immer wieder Halt suchend, verlassen sie den Raum. Die verbliebenen sieben reisen, stetig tief atmend, mit dem Scheich Muzaffer durch die blauen Wolken ihrer Phantasie. Später beim »sharing«, erzählen sie Erlebnisgeschichten wie aus Tausendundeiner Nacht: Hinter ihre Geburt zurück in den jenseitigen Allheitszustand seien sie flugs zurückgekehrt. Zwei Herren mittleren Alters, der eine aus Östereich, der andere aus Deutschland, wollten gar in einem früheren Leben als Derwische über die Höhen der anatolischen Landschaft gezogen sein – ein netter Zufall. Ihnen sei der Einstieg geglückt, lächelt Grof, im Schneidersitz auf dem Boden hockend, eines Tages könnten sie nach Lust und Laune aus ihrem Körper aussteigen und sich mit den »Bewußtheiten anderer Lebewesen« transpersonal verschmelzen."

(Quelle: »Der Spiegel« 10.10.83). zitiert nach Ruppert "New Age", Wiesbaden 1985, S.115 f.

Die Botschaft der neuen Heiler ist ganz einfach: die eigene Innerlichkeit, das Selbst, wird ins Zentrum aller Bestrebungen gerückt, eigentlich zum Gott erhoben. Das Leben wird auf den Augenblick reduziert oder besser auf die gegenwärtig ablaufende Seance. Dazu das Beispiel eines Gesprächs zwischen Gruppenleiter und Gruppenteilnehmer bei einer sog. Esalengruppe:

"»Es ist doch schön, wenn Du unglücklich bist, steh zu Deinem Gefühl. Du bist, weil Du bist, das wirst Du

sein. Wir sind im Zeitalter des Aquarias, das ist die Zeit, wo Du Dein Selbst sein kannst, die eigene Schönheit lieben und mit Deinem eigenen Lebensfluß sehen kannst. Du mußt kapieren, die einzige wichtige Sache ist, im jetzigen Augenblick zu leben, das ist der Trick.«
Ein Gruppenteilnehmer erwiderte: »Du mußt mit dem Zeitalter-des-Aquarius-Quatsch aufhören. Wenn das das Zeitalter des Aquarius ist, dann sind wir ganz schön beschissen dran. Nixon hat uns reingelegt, Ford legt uns rein und wir lassen Kissinger hereinlegen, wen immer er möchte.«
Überlegen antwortete der Gruppenleiter: »Ich verstehe nichts von Politik, aber auch gar nicht, daher hab ich auch nicht das Gefühl, daß ich hereingelegt werde. Das gehört nicht zu meiner Realität, also trifft es nicht zu für mich«."

(Quelle: Ruppert, "New Age', Wiesbaden 1985, S.16Z,163)

Durch den Therapieboom wird eine neue Krankheit kreiert, eine sekundäre Erkrankung: die Therapiesüchtigkeit. Der "Therapie-Swinger" ist geboren, der von Therapie zu Therapie eilt und sich nur noch als Klient erlebt. Die Ablösung von der Therapie wird zwar mitunter noch angestrebt, gelingt aber nicht mehr. Dazu der Bericht einer Patientin nach einer Therapie in Janovs "Primärinstitut" (Los Angeles). Sie erzählt vom "Therapieablösungsbehälter", der "Primal-Box".

"»Eine Primal-Box ist eine Riesenbox, fast wie ein kleines Zimmer, also eine große Kiste; sie ist völlig solide aus Holz, an allen Seiten mit sehr dickem Schaumgummi gepolstert, überzogen mit wasserdichtem Material, etwa zwei Lautsprecher drin, eine Klimanlage und ein kleines düsteres Lämpchen: mit anderen Worten:
wenn du dich unsicher fühlst, einen Riesenprimal

(Urschreierlebnis) in einer Wohnung zu haben, z. B. wo dich Nachbarn hören können – es ist mitten in der Nacht, du willst deine Nachbarn nicht wecken –, gehst du in die Box, hast einen Wutanfall oder deinen Schluchzanfall oder hörst Musik, bis du ganz sanft in einen "Primal" gewiegt wirst. Es ist etwas ganz Großartiges. Es ist ein bißchen wie ein Entwöhnungsstück vom Institut. Am Anfang kannst du nirgends fühlen. Ich war ganz verkrampft und mußte ein Taxi zum Institut nehmen, mitten aus einem Film heraus, damit ich mein Gefühl haben kann. Und nach einer Weile weiß ich: ich kann nach Hause gehen, ich habe meine Box. Und der nächste Schritt ist natürlich, schöne Gefühle zu haben, wo immer man ist, wer immer auch zuschaut, wenn das noch so furchtbar peinlich ist, einfach loslassen. Ich glaube, das ist für mich das Ende von Therapie im Sinne von aktiver Therapie. Ich brauche keinen Therapeuten mehr, ich brauche die ganze Struktur nicht mehr. Ich bin meinen Gefühlen nahe genug, mitten in einem Film oder mitten auf einer Party zu brüllen, loszufluchen, loszu- ich weiß nicht was. Nach der Therapie sind die Leute ja noch lange nicht geheilt; jeder glaubt nach seinen 6000 Dollar, die er Janov bezahlt hat, ist er o.k., und das stimmt natürlich gar nicht. Das Buch sagt zwischen sechs und acht Monaten ist man völlig befreit und glücklich, und für 6000 kann man sein Urego ausformen – das stimmt nicht. Ich habe in der Zwischenzeit mindestens 1000 oder 1500 Dollar bezahlt, nachdem ich keine festen Gruppenstunden mehr hatte.«"

(Quelle: Ruppert, "New Age', Wiesbaden 1985, S.164,165)

Janovs Primärtherapie ist bereits Geschichte und fast Tradition. Deswegen auch noch der Versuch, die Therapie zu beenden. Therapie also noch als Heilungsgeschehen im klassischen Sinn, Heilungsgeschehen, das bis zur angeblichen Wurzel

aller Krankheit vordringt, dem Geburtstrauma.
Für modernere humanistische und transpersonale Ansätze ist die Beendigung des Heilungsprozesses nicht mehr vordergründig, weil Heilung nicht mehr als die Beseitigung eines Defekts verstanden wird, sondern als die Freisetzung eines Potentials an Selbsterkenntnis und Selbstbehauptung im Klienten durch seine Beziehung zum Therapeuten. Die Therapie führt in der Regel zu einem neuen Fundament für die Rekonstruktion des Selbsterlebens, wie es vermutlich am deutlichsten in der Gestalttherapie (Perls) formuliert wird: "Akzeptiere DICH, wie DU bist, und DU wirst DICH ändern" oder in der Transaktionsanalyse: "Ich bin okay – du bist okay". Der Mensch ist im Prinzip gut; findet er zu dieser Ansicht zurück und kann sich so annehmen, wie er ist, so verschwinden seine Verhaltensdeformationen automatisch. Der Weg dorthin wird aber oft blockiert durch tiefersitzende Konflikte und Verspannungen, die auf der kognitiven Ebene nur schwer abzuhandeln sind. Da Körper und Geist als Ganzheit agieren, bieten sich für die Entfernung solcher Blockaden auch körperorientierte Verfahren an, z.B. bioenergetische Techniken, Massagen. Atemübungen usw.
Der Klient steht einer unübersehbaren Palette von Interventionsmöglichkeiten und Techniken gegenüber, Dienstleistungen zu seiner Selbsverwirklichung, die zum Konsum anregen. Selbstverwirklichung nicht mehr als Endpunkt einer Entwicklung und unverrückbare Zielqualität, sondern als Quantität: mehr Techniken – häufigere Seancen – mehr Selbstverwirklichung. Selbstverwirklichung (-bestätigung, -akzeptanz) oder auch Selbstranzendierung durch Bewußtseinserweiterung avanciert zur spiritualen Nahrung, die man immer wieder braucht.
Wie die Janov'sche Primalbox werden viele der neuen Psychotechniken – vergleichbar zu Yoga und Transzendentaler Meditation – für den privaten "Hausgebrauch" aufbereitet und zu lebensbegleitenden Ritualen. Allerdings ist das nicht die beste aller Möglichkeiten: ein Ritual gelingt besser, wenn es in der Gruppe zelebriert wird und noch besser unter der

Anwesenheit eines kompetenten Zeremonienmeisters. Was liegt also näher als die "spirituale Ernährung" zu institutionalisieren und sie zum Bestandteil neuer Lebensformen zu machen. Die Entstehung von Psycho-Kulten ist vorprogrammiert. Vorläufer wie "Bhagwan" und "Scientology Church" sind auszumachen. Eine neue Religion der Selbstverherrlichung (im wahrsten Sinne des Wortes) beginnt sich zu etablieren, eine Religion, die das Böse nicht kennt und zur potentiellen Vitalität entschärft, eine Religion die oft in geradezu zynischer Weise das Nebeneinanderhertappen zweier "Egos" und ihr zufälliges Aufeinandertreffen oder auch nicht – zur Idealform sozialer Beziehungen erklärt":
"Gestaltgebet":

> "Ich tue was ich tue; und Du tust, was Du tust. Ich bin nicht auf dieser Welt, um nach Deinen Erwartungen zu leben. Und du bist nicht auf dieser Welt, um nach den meinen zu leben. Und wenn wir uns zufällig finden – wunderbar ... Wenn nicht, kann man auch nichts machen."

> Dazu die typische Therapeuten-Einstellung

> "Als Psychotherapeut bin ich nicht mehr bereit, jemanden als Patienten anzunehmen, dessen Schmerz mich nicht auch berührt. Wenn jemand mich um Hilfe bittet, der nicht zu der Art von Menschen gehört, die für mich persönlich wichtig werden können, schicke ich ihn weg. Ich bin kein Gerechter; ich lebe nicht für Gott, sondern für mich ... Es käme mir gar zu verwegen vor, nicht soviel Rücksicht auf mich selbst zu nehmen, wie ich kann. Deshalb arbeite ich nur noch mit Patienten, die mir das Gefühl geben, daß ich meine Zeit sinnvoll verbringe. Es gibt Patienten, denen ich helfen zu können glaube, die ich aber trotzdem wegschicke, weil ich fühle, daß ihre Nähe nicht gut für mich ist."

(Quelle: S.B. Knopp, Triffst du Buddha unterwegs .... Psychotherapie und Selbsterfahrung Düsseldorf, 1976)

Dieses "Gestaltgebet" (das man Perls zuschreibt) macht klar, wohin die Reise geht. Gesellschaft als Nebeneinander von Individuen, die nur noch das solidarisch verwalten, was ihrer Selbstverwirklichung förderlich ist. Aber genau dieses muß – mit allen Mitteln – gesichert werden. Der "Contract social" einer solchen Gesellschaft müßte strenge Sanktionen vorsehen, für diejenigen, die das Basis-Gute im Menschen nicht akzeptieren und sich der Reorganisation der Gesellschaft im Dienste einer grenzenlosen Entfaltung des Einzelnen widersetzen. Die Bindungen des Einzelnen an diese Minimalregeln zur eigenen Glückseligkeit auf Erden sind bedingungslos zu kontrollieren. In kleineren Subkulturen ist solches mitunter zu beobachten ("Bhagwan" und in den sog. "Jugendsekten"). Aber sind wir nicht etwas paranoid, wenn wir in größeren gesellschaftlichen Kontexten nach solchen Manipulationen Ausschau halten? Ich glaube nicht. Es gibt viele, noch schwache, politische Kräfte weltweit, die exakt in diese Richtung argumentieren. Freiheit zur Selbstverwirklichung hat eben seinen Preis. Als Christen können wir einfach nicht übersehen, daß das, was hier so sanft in psychologischen Filzpantoffeln daherschleicht, als Selbstverwirklichung und Wiederentdekkung der eigenen Tiefe, in wirklichkeit eine Selbstvergötterung und Selbstanbetung ist. ("Du selbst bist dein eigener Gott" – Erhard-Seminar-Training - EST).
Diese in ihren Wurzeln antichristliche Grundhaltung paßt in die "New-Age"-Landschaft, in der sich alles vorbereitet auf eine letzte Konfrontation der menschlich- satanischen Rebellion mit dem Sieger von Golgatha. Die Freiheit, einen beliebigen Lebensstil zu leben und darin von der Gesellschaft geschützt zu sein, eine Parole der New-Age-Philosophie, von manchen auch der "humanistische Imperativ" genannt, ist einfach nicht weit weg vom Leitmotiv des Satanischen, wie bei Crowley: "Tu, was du willst, soll sein das ganze Gesetz".
Es ist zu erwarten, daß in absehbarer Zeit die gesamte Psychologie in den humanistisch-transpersonalistischen Sog gerät und dort aufgeht in einer neuen wissenschaftlichen Religion, die den Menschen zum Gott macht. Es wird daher Zeit,

daß sich eine Gegenposition artikuliert, die den New-Age-Lehren auf der gleichen spiritualen Ebene begegnet, die aber in der Wahrheit der biblischen Botschaft ruht. Diese Wahrheit macht wirklich frei. Die Lüge von der Selbsterlösung führt in immer subtilere Bindungen. Am Ende eine immer enger werdenden Kreisbewegung um das eigene Ich, der Tanz um das goldene Kalb. Die christliche Botschaft von der Gnade Gottes, die gottgewirkte Erlösung für den Menschen will, seine Sünde ungeschehen macht, wenn er sich Gott wieder zuwendet, und ihn heiligt, wenn er den vollkommenen Weg Jesu der Demut und des Leids zu gehen bereit ist, steht in diametralem Gegensatz zur Selbsterlösungsideologie der Humanisten aber auch zur Reparaturideologie der Materialisten.

Eine Christliche Psychologie wird sich in Menschenbild sowie in Art und Ziel der Intervention grundsätzlich unterscheiden von säkularen psychologischen Ansätzen. Die wissenschaftstheoretische und methodologische Grundstruktur einer empirischen Wissenschaft jedoch kann weitgehend beibehalten werden, wenn man dort einige längst fällige Korrekturen anbringt: z.B. eine Klärung der Erfahrungsbasis bei der empirischen Erkenntnis, eine Explizierung des metaphysischen Rahmenkonzepts, das immer da ist und immer verschwiegen wird und eine Offenlegung des zugrundeliegenden Wertesystems, das immer Art und Inhalt der Fragen einer Wissenschaft bestimmt und immer unter dem Teppich einer Wertfreiheitslüge verschwindet. Wir werden sehen, daß das wissenschaftstheoretische Fundament einer Christlichen Psychologie um nichts metaphysischer oder subjektivistischer erscheinen wird als das der konventionellen Psychologie und schon gar nicht der transpersonalen.

Wir wollen das im folgenden näher untersuchen durch eine vergleichende Betrachtung der konventionellen Psychologie materialistischer Prägung mit einigen axiomatischen Forderungen an eine Christliche Psychologie. Als Gegenposition zur Christlichen Psychologie wählen wir die gegenwärtige

"Schulpsychologie". Denn mit dieser und noch nicht mit der transpersonalen haben wir uns auseinanderzusetzen. Überdies hat sich die spiritualistische Richtung in der Psychologie wissenschaftstheoretisch und methodologisch noch nicht einheitlich artikuliert. Dort wo dieses sich andeutet, ist eine massive Aufweichung der empiristischen Positionen auszumachen, eine, wenn auch nur methodologische, Vorbereitung des Feldes, auf dem auch die Christliche Psychologie agiert – allerdings mit anderen Inhalten. Es kann also sein, daß wir in unseren Gefechten gegen die methodologische Unredlichkeit der konventionellen Psychologie bald Unterstützung bekommen werden von unseren künftigen Kontrahenten.

C

In statu nascendi – Christliche Psychologie als konsequente Durchführung des empiristischen Paradigmas – eine vergleichende Betrachtung

Der Vergleich zwischen konventioneller Psychologie und Christlicher Psychologie geschieht auf vier verschiedenen Ebenen.

Der zentrale Bereich jeder Wissenschaft ist die Art und Weise, wie sie ihre Fakten gewinnt und zu Theorien verarbeitet. Erfahrungswissenschaften gewinnen ihre Daten aus sinnlich erfahrbaren Veränderungen der Umwelt oder auch – mit Einschränkungen – im eigenen Erleben.

Dieser Erkenntnisquelle der "objektiven" Faktenwelt steht die theoretische Verarbeitung der Fakten gegenüber, die offensichtlich durch eine andere Erkenntnisquelle gespeist wird, welche zunächst determiniert sein dürfte durch die Struktur unseres "Informationsverarbeitungsapparates", der die sensorische Wirklichkeit bestimmten vorgegebenen Verarbeitungsschemata angleicht. Über diese erkenntnistheoretischen Grundlagen ist man sich allgemein einig. Doch was ist nun Wahrheit? Diese Frage ruft Vorstellungen auf den Plan, die in der Erfahrungsverarbeitung selbst nicht enthalten sind, sondern weit über diese hinausgehen. Die Antwort darauf kann nur spekulativ sein oder einer außersinnlichen Offenbarung entspringen, vielleicht sogar präformiert in unserem "Erkenntnisorgan".

Die Wissenschaftstheorie ist sich dieses Sachverhalts wohlbewußt, nicht aber die empirischen Wissenschaften selbst. Sie versuchen die Wahrheit festzumachen an Erfahrungen und

ihren Verallgemeinerungen, um ihre "Vor"-Urteile durch Fakten zu untermauern, so daß eine "empirische Wahrheit" entsteht.
In Abschnit CI wollen wir untersuchen, wie in konventioneller Psychologie und Christlicher Psychologie das Verhältnis von Fakten und Theorien zu denken ist und inwieweit diese Beziehung durch eine unausgesprochene oder explizite Rahmenmetaphysik festgelegt wird. Wir betrachten sozusagen Wissenschaft so, wie sie sich als Disziplin artikuliert und als Weltbild etabliert, als Weltbild "von außen" (gesehen).
Die Annahme eines solchen Weltbilds durch seine "Konsumenten". d.h. alle Personen, die damit über viele Organe der Gesellschaft beeinflußt werden, schafft eine bestimmte Art, sich selbst in der Welt zu erleben, ein bestimmtes Bewußtsein vom Wesen der Dinge und der eigenen Beziehung zu ihnen. Diese subjektseitigen Konsequenzen der wissenschaftlichen Weltsicht werden für konventionelle Psychologie und Christliche Psychologie in Abschnitt CII einander gegenübergestellt. Das Weltbild "von innen" (gesehen, erlebt).
Streng genommen verstehen sich Wissenschaften als wertneutral. Eine solche Forderung läßt sich jedoch nicht einmal im Ansatz durchhalten, vermutlich, weil es unsinnig ist, sie überhaupt zu stellen. Sind doch vor allem die Erfahrungswissenschaften dazu angetreten, die Welt zu verbessern, das Leben zu erleichtern, Störungen und Defekte in allen Bereichen zu beseitigen und zu vermeiden. Wenn sie auch dieses Ziel radikal verfehlen, und die Lösung eines jeden Problems hundert neue schafft, so bleiben sie doch von vornherein interventions- und damit wertorientiert.
Wo eine Wissenschaft Defekte und Schadensverursachungen aufdeckt, dort schafft sie automatisch die Verpflichtung, den normativen Druck zu intervenieren. Leider gilt – wenn auch eingeschränkt – das umgekehrte ebenso: wo eine Wissenschaft – aus welchen Gründen auch immer – intervenieren möchte, dort braucht sie nur einen Zusammenhang herzustellen zwischen Defekten und möglichen Ursachen. Die Betonung liegt auf möglich! Die Freiheit der Wissenschaft ist auch

die (immens anwachsende) Freiheit zur Manipulation der erlebten Wirklichkeit. Manipulation in der Auswahl der Fragestellungen, Manipulation in der Nennung von Ursachen für Mißstände, Manipulation in der Auswahl von Fakten zur Stützung von Hypothesen und, und ... bis zur hypothesengerechten Erfindung von Fakten. In Abschnitt C3 wollen wir die Interventionspraxis in der konventionellen Psychologie der Interventionspraxis in einer Christlichen Psychologie gegenüberstellen. Es wird dabei deutlich werden, daß nicht nur die konzeptionelle Aufbereitung einer Wissenschaft, sondern ganz besonders ihre Anwendung Werte und Normen schafft (die normative Kraft des Faktischen!).
Wir wollen in der Gegenüberstellung von konventioneller Psychologie und Christlicher Psychologie in Abschnitt CIV diese Werte und Normen beim Namen nennen und nicht so tun, als ob Wissenschaft im luftleeren Raum agieren könnte. Wissenschaft erzeugt damit nicht nur ein eminent wirkungsvolles Bezugssystem für das Selbsterleben des Einzelnen und der Gesellschaft, sondern liefert auch gleich Richtlinien für die Beurteilung von Personen und Handlungen. Wissenschaft entscheidet darüber, was in der gesellschaftlichen Kommunikation gefragt werden darf und was nicht, was "objektives" Faktum ist und was nur "privat".
Das Repertoire an "objektiven" Fakten, das einer Wissenschaft zugrundegelegt werden darf, ist weiter nichts als eine Konvention über Wert und Unwert von subjektivem (immer subjektivem) Erleben für die wissenschaftliche Systematisierung, also das , was im Bereich der Wissenschaft intersubjektiv kommunizierbar ist. "Intersubjektive Kommunizierbarkeit" oder "Intersubjektivität" von Fakten wollen wir daher für "Objektivität" setzen. Da sie einem Werturteil der Wissenschaften entwächst, gehört ihre Diskussion zu CIV.

CI

Fakten, Theorie und Rahmenmetaphysik – Weltbild "von außen" Vergleichende Betrachtung von konventioneller Psychologie und Christlicher Psychologie (Abb. 23,24)

Die modernen Erfahrungswissenschaften haben die sog. "Metaphysik" ad acta gelegt, seit Immanuel Kant überzeugend nachweisen konnte, daß menschliche Erkenntnis in den Wissenschaften nur dann einen Sinn macht, wenn sie bei der Erfahrung beginnt und / oder auf mögliche Erfahrung bezogen ist. Erfahrung ist all das, was sich in den Sinnesorganen als "Erscheinungen" präsentiert und zwar immer schon geordnet in Raum und Zeit und auf ein begriffliches System bezogen. Die moderne Psychologie hat das Kant'sche Rahmenkonzept bestätigt und weiter verfeinert, ganz besonders durch die genetischen Betrachtungen Piagets. Was bei Kant quasi in einer Querschnittsanalyse des menschlichen Erkenntnisvermögens etwas rätselhaft als "apriori" erscheint, "von vornherein da" als eine Eigenschaft der Erkenntnis, bestimmte Dinge der Realität in offensichtlich zutreffender Weise vorwegzunehmen, wird bei Piaget relativiert zu Assimilationsschemata, die sich ontogenetisch von instabilen Frühformen zu nicht mehr zu verbessernden gleichgewichtigen Endformen hin gestalten, und dies immer in enger Wechselwirkung zur Umwelt unter dem Akkomodationsdruck der Fakten, d.h. der sensorisch gegebenen Wirklichkeit. Das, was nach Kant im Verstande ist, aber nicht in den Empfindungen, ist, wie Leibniz schon spitzfindig bemerkte, der Verstand selbst. Modern ausgedrückt, rekrutiert sich unsere "Erfahrung" aus den "Daten" die unsere Sinnesorgane anliefern plus der "Datenorganisation" und

Psychologie **"v. aussen"**

konventionell

FAKTEN
THEORIE
RAHMENMETAPHYSIK

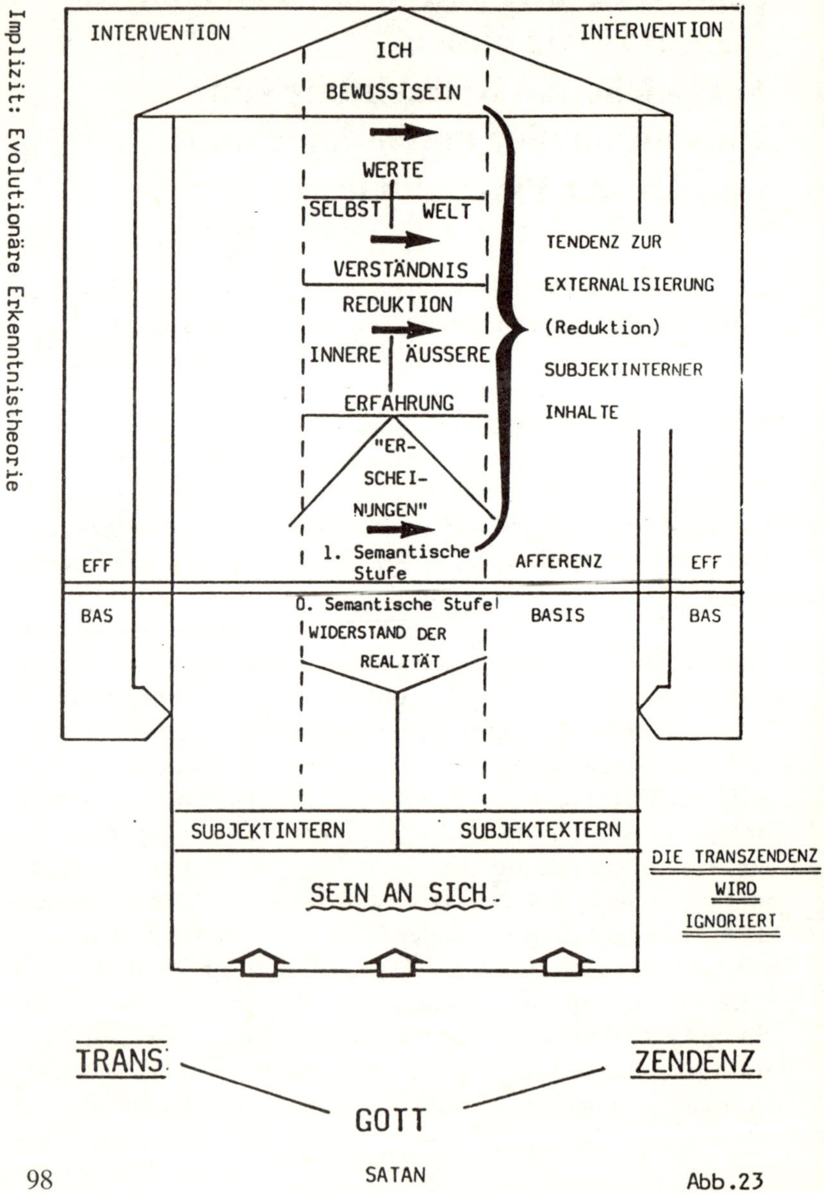

Abb.23

Psychologie **"v. aussen"**

Christlich

FAKTEN
THEORIE
RAHMENMETAPHYSIK

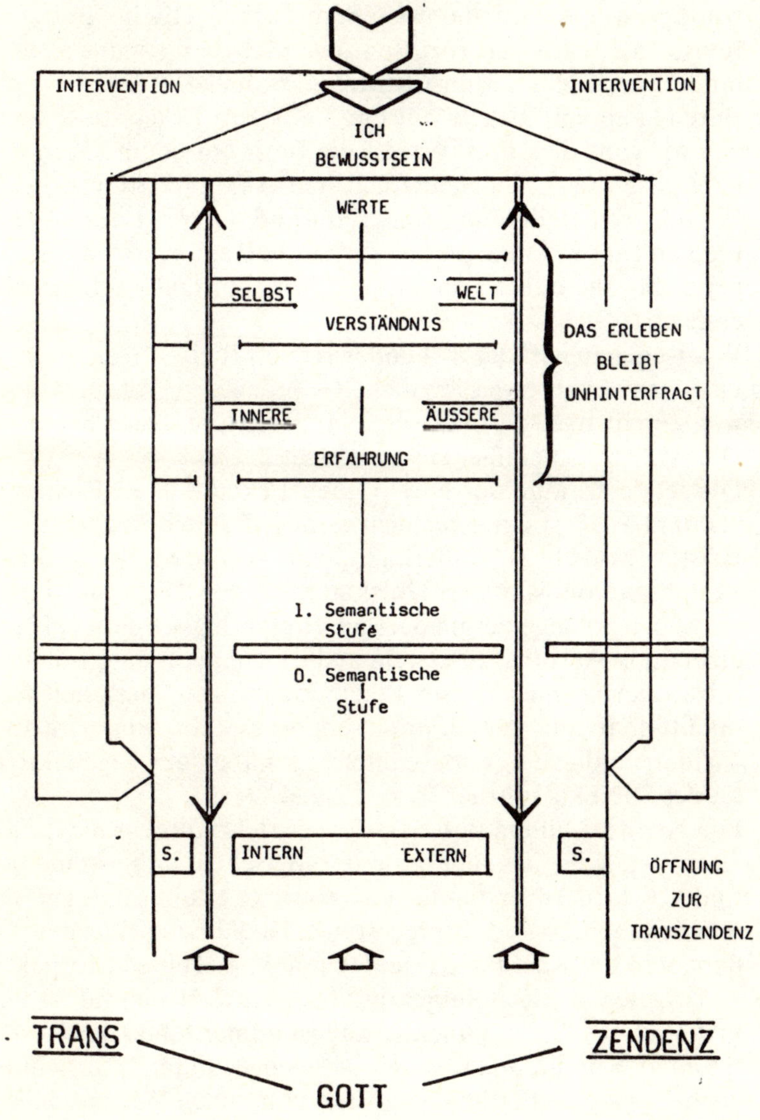

SATAN

Abb.24

"Datenverarbeitung", die durch das "Datensystem Erkenntnis" eingebracht werden.
Nun sind wir wieder bei einer Computeranalogie, und die Sache verspricht einfach und überschaubar zu sein. Doch merkwürdigerweise wird die wissenschaftstheoretische Betrachtung von Erkenntnisprozessen umso schwieriger und unverbindlicher, je exakter ihr Instrumentarium ist:
Bereits bei den "Daten" unseres "Systems Erkenntnis" hängen wir ganz dick drin! Was ist die Basis der empirischen Erkenntnis? Was erzeugt letztlich den Akkomodationsdruck? Wo hört der Bedeutungsträger auf und wo fängt die Bedeutung an (in semiotologischer Terminologie: wo hört die uneigentliche, die nullte semantische Stufe auf und wo fängt die erste an)?
Was ist gegeben ("datur") und was "verarbeitet"?
Und wenn es so etwas letztlich "Gegebenes" ("datum") gibt, wie spricht man darüber ohne es bereits zu "verarbeiten"? Die Antwort ist einfach: es geht nicht.
Die letzte Instanz der empirischen Erkenntnis in Richtung "Datenbasis" ist ein sprachlich wohl geformter Satz über die Existenz von etwas "Außerlogischem" (Carnap). Nach einem Verfahren von May und Holzkamp werden Hier- und Jetzt-Aussagen solange zergliedert und durch logisch äquivalente ersetzt, bis Ausdrücke entstehen, die nicht mehr durch andere substituierbar sind. Diese "Letztbedeutungen" beziehen sich unmittelbar auf "Systemtranszendentes". In ihm wird die "Widerständigkeit" der Realität gegenüber der Eigenaktivität des Subjekts spürbar.
Die Kennzeichnung dessen, was per definitionem nicht "logisch" ist, d.h. sich außerhalb der logischen Satzsysteme befindet, erfordert verständlicherweise eine erlebnishaft gefärbte phänomenologische Sprechweise. Ist die Erfahrung des Widerstands der Realität in ihrer letzten Wurzel eine introspektive Angelegenheit – subjektiv? Die Antwort hierauf ist ein kristallklares "Ja". "Objektivität" ist immer schon das Resultat einer Kommunikation mit "Gleichgesinnten". So will ja auch Carnap – heftig angegriffen von vielen Wissenschafts-

theoretikern – unter seinen "Protokollsätzen" Aussagen verstehen über deren Zutreffen für einen wissenschaftlichen Bereich sich die Wissenschaftler einig sind (Konsensuskriterium). Andere, z.B. Reichenbach, argumentieren, daß das Zutreffen eines Satzes nicht im Vergleich mit dem Sachverhalt zu eruieren, sondern in seiner Widerspruchsfreiheit mit anderen Sätzen des Systems zu erweisen sei (Kohärenzkriterium).
Und genau das – Konsensus, wie Kohärenz – erzeugt de facto die sog. "Objektivität" des Empirismus – nicht von allen so deutlich erkannt und zugegeben wie von Carnap und Reichenbach.
Eine elementare wissenschaftliche Aussage wird nicht dadurch wahrer, daß sie von vielen übereinstimmend immer wieder behauptet wird und daß sie recht gut zu einem bereits bestehenden System von Sätzen paßt. Dennoch erweist sich dieses uneingestandene Kontrollsystem als eminent wirkungsvoll, gerade dort, wo es darum geht, bestimmte Beobachtungen nicht zuzulassen oder eine Lieblingstheorie zu immunisieren gegen widerstreitende Tatsachen.
Tatsachen sind, wie wir gesehen haben, zunächst immer Bestandteile des eigenen Erlebens und dort die letztlich verfügbare Wirklichkeit. Soll diese Wirklichkeit auch intersubjektiv (ist gleich objektiv) verfügbar werden, so ist zunächst die Entscheidung des Einzelnen gefragt, ob er sie zum Gegenstand der Kommunikation macht, dann die Entscheidung der anderen, ob sie sich zu Kommunikationspartnern für diesen Gegenstand machen lassen. Ein Konsensus über den Gegenstand wird umso schwerer zu erreichen sein, je geringer seine Kohärenz mit dem bestehenden Wirklichkeitsbild sich darstellt. Andererseits wird eine gegebene kognitive Dissonanz zum gängigen Weltbild umso eher in Kauf genommen, je mehr Personen sich in den abweichenden Konsensus teilen. Dies und nichts anderes sind die Mechanismen der Wissenschaftsdynamik. Eine empiristische Letztbegründung der Erkenntnis gibt es also nicht, nur ihre introspektive Auflösung in eine zunächst subjektive Erfahrung der Realität, negativ formuliert als "Widerständigkeit der Realität". Welche Realität?

Aussagen über diese, die "Dinge an sich", die "uneigentliche semantische Stufe" sind seit der allgemeinen Akzeptation der "Kritik der reinen Vernunft" per Konsensus in das vorwissenschaftliche Reich der Metaphysik verbannt. Die evolutionistische Kosmogonie wird davon allerdings ausgenommen. Sie liefert ein intellektuell bescheidenes, aber deshalb umso wirkungsvolleres System von Rationalisierungen für die Existenz dieser Welt und ihrer Lebewesen und neuerdings auch der menschlichen Erkenntnisorgane (Evolutionistische Erkenntnistheorie): Erkenntnis ist zutiefst pragmatisch, im Dienste der Erhaltung von Individuum und Art. Lediglich die Erkenntnis dieser pragmatischen Relativierung unserer Erkenntnis im Rahmen des Evolutionskonzepts scheint jenseits aller biologischen Zwecke zu liegen. Frißt sich hier der evolutionistische Relativismus selbst auf – oder ist die menschliche Selbsterkenntnis eine jener Sackgassen der Phylogenese von der Art des Geweihes jenes Urzeithirsches, der an Kopflastigkeit zugrunde gegangen sein soll? Wie auch immer – ganz sicher ist die Evolutionslehre der derzeit markanteste Beweis für die Filterfunktion eines theoretischen Vorurteils im Sinne des Kohärenzkriteriums. Filterfunktion mit Verstopfungstendenzen gegen jede Art von dissonanter Information.

Doch jede Wissenschaft arbeitet nach diesem Prinzip. Der Filter bestimmt, was gefragt werden darf, was gesehen werden darf, was objektiv sein kann oder subjektiv sein muß. Der Legitimitätskatalog und sein Gegenstück, der (schwarze) Index, haben zwar nicht mehr Gesetzeskraft wie im Mittelalter, aber das Gelächter der sog. Fachkollegen ist eine fast wirkungsvollere Sanktion für Grenzüberschreitungen, weil es nicht Rebellion im Dienste der Wahrheit herausfordert, sondern Selbstzweifel und intellektuelle Defekte suggeriert. Wissenschaftliche Tätigkeit setzt also einen systemtranszendenten Rahmen voraus, der diese Tätigkeit steuert, und der insbesondere festlegt, was aus der Fülle der introspektiv-erlebnismäßig-subjektiv gegebenen Wirklichkeit intersubjektiv kommuniziert und damit zu einem "objektiven" Datum glorifiziert wird, ein Gentleman's Agreement, bestimmte Fragen nicht zu stellen und Außerperzeptionelles nicht zuzulassen.

Soweit das wissenschaftliche Selbstverständnis der Erfahrungswissenschaften und ihre verborgenen Strategien des "Fortschritts".

Wie nimmt sich auf diesem Hintergrund die Basiskonzeption einer Christlichen Psychologie aus, insbesondere, wenn man gewissen Grenzen der "objektiven" wissenschaftlichen Erkenntnis und ihre unumgängliche weltanschauliche Verankerung eingesteht, und nicht wortreich zu verbergen trachtet? Ich meine, daß hier durch die Entlarvung der Strategien des empirischen Wissenschaftsbetriebs entscheidend vorgearbeitet wurde.
Eine Christliche Psychologie stützt sich an der Basis ihrer Erkenntnis auf Fakten der gleichen Art wie jede Erfahrungswissenschaft, auf zunächst introspektiv reflektiertes subjektives Erleben. Damit dieses "Erleben" zu einem wissenschaftlichen Datum wird, sollte es von einer Reihe von Individuen nachvollzogen und benannt werden können, also intersubjektiv verfügbar werden (Konsensuskriterium) und möglicherweise in Bezug zu einem bereits gegebenen System ähnlicher Erfahrungen gebracht werden können (Kohärenzkriterium). Kommunizierbarkeit und Systemtauglichkeit sind wesentliche Eigenschaften von erfahrungswissenschaftlichen Ereignissen. Wie steht es aber nun mit dem "Inhalt" dieser Erfahrungen? Konventionelle Empirie läuft über die Sinnesorgane – entweder direkt oder auf oft irrsinnig komplexen Wegen instrumentell vermittelt (z.B. durch einen Beschleuniger in der Mikrophysik). In der Christlichen Psychologie gibt es offensichtlich Erfahrungen, die nicht über die Sinnesorgane laufen. Wäre das eventuell eine spezifische Differenz zwischen Wissenschaftlichkeit und Nicht-Wissenschaftlichkeit?
Die Beschränkung des "Erkenntniskanals" auf die Sinnesorgane wäre nichts weiter als eine materialistische – also weltanschauliche – Präjudizierung möglicher Fragen und Ausklammerung anderer, also nicht ein Gewinn an Wissenschaft-

lichkeit, sondern eher ein Verlust an wissenschaftlicher Redlichkeit. Erfahrung ist letztlich die Erzeugung eines "inneren" Zustandes durch ein "äußeres" Ereignis. Die Herkunft dieser äußeren Ereignisse, welche innere Zustände auszulösen vermögen, sollte nicht von einer Wissenschaft vorentschieden werden, die lediglich auf der Basis innerer Zustände intersubjektiv errichtet ist. Allerdings stellt sich schon die Frage, ob alle Personen in der Lage sind, das Universum aller potentiellen Auslöser innerer Zustände auszuschöpfen. Diese Frage ist strikt mit "nein" zu beantworten. Innere Zustände werden nur dann zu Erfahrungen, wenn sie ins Bewußtsein drängen. Aber die Zulassung zum Bewußtsein entscheidet jedoch ein System von Selektionskriterien und Filtermechanismen, das nach der Möglichkeit von Erfahrungen vorentscheidet und auswählt, nach einem internen Kohärenzkriterium.

Dieses System ist Ausdruck unserer Lerngeschichte und wie diese, eine Einengung unserer Lebensvielfalt auf eine Reihe von bewährten Gewohnheiten und Sichtweisen. Eine Erweiterung dieses Informations-Selektions-Systems auf seine ursprünglichen Möglichkeiten erfordert einen Eingriff in die Abschirmungsstrategien unseres Bewußtseins.

In der Christlichen Psychologie ist dieses Ereignis die Bekehrung und – als Prozeß – die Bereitschaft, sich verwandeln zu lassen in einen Bürger der transzendenten Welt. Diese Bereitschaft verändert unsere Bewußtseinskapazität und erweitert die Erlebnisfähigkeit, d.h. die Sensibilität für die Registrierung innerer Zustände. Sind diese Zustände nicht durch Sinnesorgane vermittelt (wie im klassischen Fall der Erfahrungswissenschaften), so sprechen wir von "transzendenten" äußeren Ereignissen als objektseitige Korrespondenz dieser Zustände. Die intersubjektive Kommunizierbarkeit diesbezüglicher Erfahrungen und ihre systematische Aufarbeitung ist gleichbedeutend mit einer wissenschaftlichen Bewältigung der Transzendenz nach allen Regeln dieser Kunst, auch wenn die Resultate einer solchen Untersuchung nur von jenen akzeptiert werden, die sich zur Basiserfahrung bereit erklären.

Wir werden im folgenden Abschnitt erläutern, daß genau dieses auch die Voraussetzung für die Akzeptation der "Erkenntnisse" der konventionellen Wissenschaften darstellt.

CII

Fakten, Theorie und Rahmenmetaphysik – Weltbild "von innen" Vergleichende Betrachtung von Konventioneller Psychologie und Christlicher Psychologie (Abb.25,26)

In vielen Bereichen der angewandten Wissenschaften vom Verhalten wird es als oberstes Gütekriterium erachtet, wenn die Erklärung oder sogar die Prognose von individuellem oder Gruppenverhalten gelingt. Erklären im engeren Sinne heißt aber, ein Phänomen auf seine Ursachen zu reduzieren, die Frage zu beantworten, wie es dazu kam, daß .... Die Kausalanalyse wiederum setzt voraus, daß eine lückenlose Ursache-Wirkungs- Sequenz konstruierbar ist zwischen einem gegebenen oder gesetzten Bedingunggefüge (wenn ...) und einer davon ableitbaren Folge (dann ...).
Der universelle Geltungsanspruch des Kausalprinzips ist die Basis der Machbarkeit. Stellen wir uns den Geschehensstrom in der Welt vor als ein komplexes Kausalgefüge mit lückenloser Kausalgenese vom Ursprung her, so scheint es – im Prinzip – möglich oder doch zumindest denkbar, an jeder Stelle des Geschehens handelnd zu intervenieren, um bestimmte "Wirkungen" zu erzielen.
Die Einübung dieser Sichtweise erweist sich als sehr wirkungsvoll beim Umgang mit der materiellen Welt, sie führt jedoch zu verhängnisvollen Reduktionen im Umgang miteinander und mit sich selbst. Man versucht sich selbst und andere nicht mehr zu "verstehen", sondern zu "erklären". Individuen, die sich der empirischen Psychologie ob wissenschaftlich oder als Popularkonsument verschreiben, verengen ihr Bewußtsein auf das mechanistisch-naturwissenschaftliche

Psychologie

konventionell FAKTEN THEORIE RAHMENMETAPHYSIK **"v. innen"**

SELBSTVERSTÄNDNIS AUS DER WELT DER DINGE

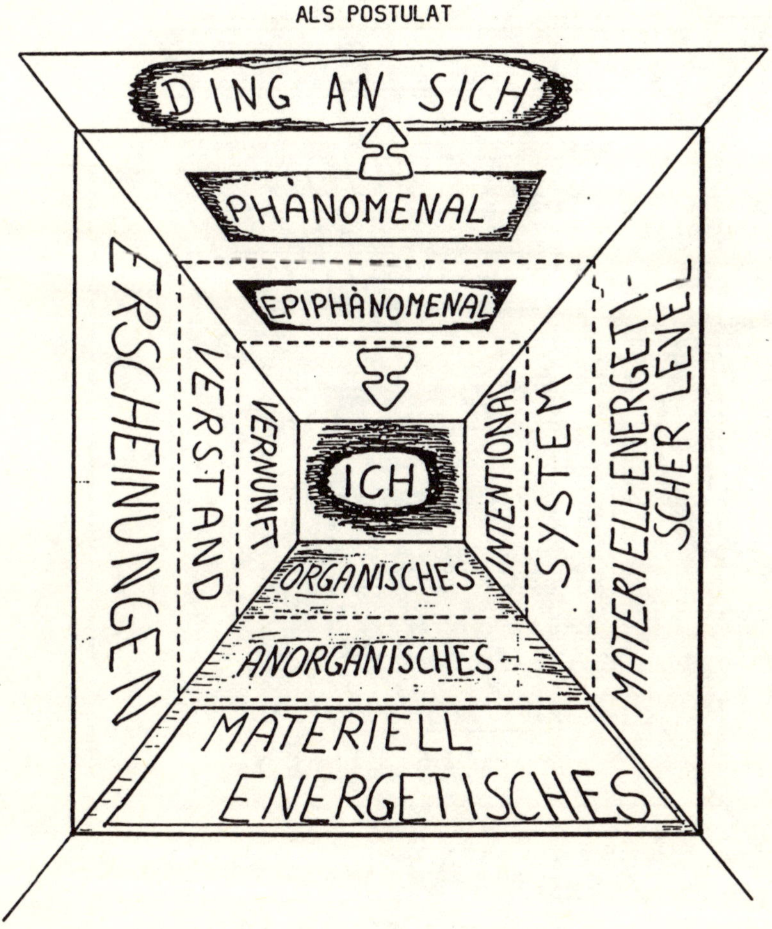

Abb.25

FAKTEN
THEORIE
RAHMENMETAPHYSIK

WELTVERSTÄNDNIS AUS DEM ERLEBEN

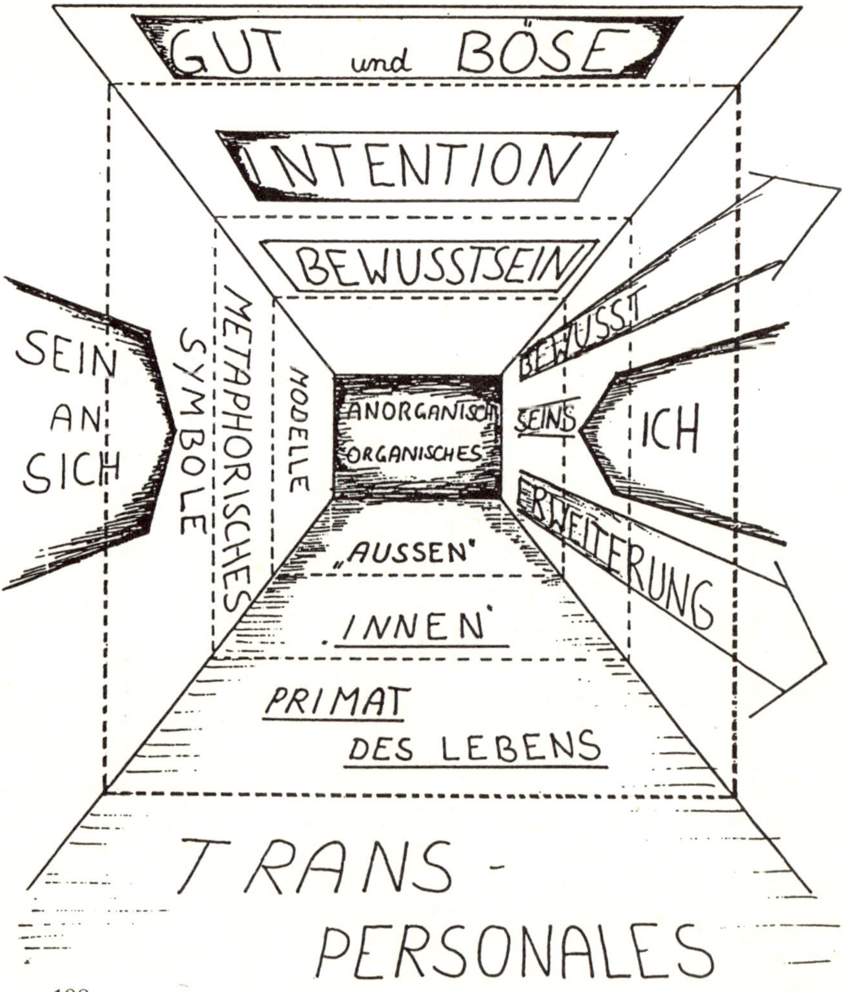

Abb.26

Redukt. Der ”L'homme machine” frißt sich in ihr Selbstbewußtsein und ihr Selbstverständnis. Sie erleben sich als Funktion ihrer materiell-energetischen Umwelt und der darin eingeflochtenen organismisch-systemischen Körperlichkeit. Subjektives Erleben wird zur Realität zweiten Grades, wenn es sich nicht empirisch-kausal rechtfertigen und einordnen läßt (auch im Kognitivismus). Verhalten ist voll determiniert durch den Ablauf von materiell-energetischen Prozessen in Körper und Umwelt, Erleben wird zum Epiphänomen. Schuld und Sünde haben in diesem Räderwerk keinen Platz, weil sie Willensfreiheit und Selbstverantwortung voraussetzen: Letztere sind als ”praktische Fiktionen” des menschlichen Zusammenlebens zwar nützlich aber nicht objektiv begründbar.
Nach der Lloyd-Morgan-Regel soll tierisches Verhalten nicht unter Rückgriff auf menschliches Erleben plausibilisiert werden, wenn es auf niedrigerer (organismischer) Ebene erklärt werden kann. Diese Regel wird in der konventionellen Humanpsychologie voll durchgezogen. Die psychologische Verhaltenserklärung bevorzugt die niedrigeren ontologischen Stufen der menschlichen Existenz. Im Vordergrund steht nicht Effizienz, sondern Sparsamkeit. Erlebt man sich und andere durch eine deterministische Schablone (Bewußtseinsverengung), so ist man geneigt, Selbstverständlichkeiten im Eigen- und Fremdverhalten in zunehmendem Maße zu ”hinterfragen” oder zu ”problematisieren”. Die rationale Begründung oder Herleitung eines Verhaltens wird damit von vornherein fragwürdig, die genannten oder empfundenen Motive ”vorgeschoben”: die Verhaltenserklärung agiert auf dem Niveau von naturwissenschaftlichen Bedingungsreihen, begleitet von der beruhigenden Auflösung von Freiheit und Schuld. Andererseits degradiert diese Sichtweise jede rationale Verhaltensbegründung zur bloßen ”Attribution” oder gar zur ”Rationalisierung”.

Verstehen setzt demgegenüber eine höhere Betrachtungsebene voraus. Es setzt voraus, daß ich die Gründe und Motive, die jemand für sein Handeln in einer konkreten Situation angibt, akzeptiere, als letzte Instanz für das Zustandekommen seines Verhaltens. Ich billige damit meinem Gegenüber eine autonome Kontrolle über sein Verhalten zu. Das gleiche gilt für die Verarbeitung eigenen Verhaltens. Verstehen eines Verhaltens heißt nicht, zu wissen, warum es so und so abläuft, sondern nachzuvollziehen in welchem inhaltlichen Begründungszusammenhang es anzuordnen ist, durch welche Regeln es dominiert wird. Der Inhalt der Bezüge steht dabei im Vordergrund, nicht eine dazugedachte organismische Basiskausalität. Die epiphänomenale Bewußtseinskonzeption verbietet eine solche Betrachtungsweise im Prinzip nicht. Auch dort läßt sich Verstehen als höherer kognitiver Prozeß etablieren – jedoch immer nur als Emanation letztlich materiell-energetischen Geschehens, in der Therapie aufzufassen als der oft kürzere Weg, um das organismische Gesamtgefüge zu steuern.

Für die Christliche Psychologie wollen wir "Verstehen" radikaler verankern in jener übersinnlichen Realität, deren Legitimation naturgemäß nicht durch das simple Instrumentarium der Erfahrungswissenschaften geleistet werden kann. Verstehen wird zum Basisprozeß der "Innenschau" respektive des analogen Begreifens mitmenschlicher Zustände als Konstituent einer eigenständigen Seinsweise des bewußten Erlebens, einer Seinsweise, die auf unsere individuellen Akte des Fühlens, Denkens und Wollens zugeschnitten ist, einer Seinsweise, die wir als "intentionale Ebene" unserer Existenz begreifen wollen. Intentionales ist nicht reduzierbar auf Systemeigenschaften oder gar Materiell-Energetisches. Diese Auffassung wird bereits von psychophysischen Parallelisten, wie Piaget akzeptiert. Wir gehen noch weiter. Intentionales ist nicht nur die andere Seite des Physischen, der res extensa, sondern Manifestation des Geistigen als welttragendem und weltschaffendem Prinzip. Materiell-Energetisches ist demgegenüber epiphänomenal, wenn auch durch die Bedürfnisse unserer leiblichen Existenz übermäßig vergrößert. Das ist nun keine schöngeistige und intellektuellenfreundliche Behaup-

tung, sondern die Essenz einer modernen wissenschaftlichen Entwicklung, wie sie sich insbesondere in der Mikrophysik abzeichnet. Seit dem Wellen-Korpuskel-Dilemma der Quantenphysik hat diese Disziplin ihre modellhafte Anschaulichkeit endgültig aufgegeben zugunsten einer mathematischen Formulierbarkeit, zunächst in deterministischen Differentialgleichungen, aber schließlich "nur" noch innerhalb von wahrscheinlichkeitstheoretischen Kalkülen. Kausalprinzip und Klassische Logik wurden Opfer dieses Fortschritts.
Berühmte Wissenschaftler wie Jung, Pauli und Koestler konzipieren neben dem Kausalprinzip als Ordnungsgesichtspunkt für unsere Welt in Raum und Zeit ein weiteres, ebenbürtiges Prinzip der Sychronizität oder Serialität (Kammerer), das die Beziehung sinnverwandter Strukturen regelt, gleich, ob nur gedanklich oder materiell manifestiert. Verschiedene gut belegte Beobachtungen zeigen, daß Sinnverwandtes die Tendenz hat, sich gegenseitig hervorzurufen, ohne daß matarielle Beziehungen nachweisbar sind, gleichzeitig – synchron oder kurz aufeinanderfolgend (– serial). Diese Thamatik erweist sich als sehr sperrig, weil unser Denken ganz eminent kausal fixiert ist, und wir sehr viel leichter bei Erscheinungen der genannten Art eine Kausalität höherer Ordnung einräumen als etwas wesensmäßig Akausales. Wie auch immer. Der Erweis des Kausalsprinzips als eine raumzeit- und materie- abhängige Konstruktion und der Verlust seiner Universalität schafft Raum für die ontologischen Bedürfnisse einer Christlichen Psychologie, schafft Platz für die Psychologie des Wollens und Entscheidens als eines echten Wählens.
Die Prävalenz geistigen Geschehens vor materiellem als wissenschaftliche Denkmöglichkeit entspricht zutiefst der christlichen Wirklichkeitskonzeption – am Anfang war das Wort!
Die Beschäftigung mit dem Wort – mit seinem Inhalt, nicht mit seiner historisch-kritischen Genese – vermag Sinnverwandtes zu erzeugen in unserem Geist, aber auch in der Realität. Das Wort verändert uns und die Welt und damit wieder unsere Sicht von der Welt – eine ganz neue empirische Bestä-

tigung des Jung'schen "Synchronizitätsprinzips".
Wir sehen, das methodologische Instrumentarium der wissenschaftlichen Avantgarde ist vorbereitet, die Christliche Psychologie widerstandslos zu akzeptieren. Christliches Denken bedeutet keine Verengung der bestehenden wissenschaftlichen Ansätze, sondern eine radikale Erweiterung. Wir werden das auch im folgenden Abschnitt demonstrieren.

CIII

Intervention Vergleichende-Betrachtung von Konventioneller Psychologie und Christlicher Psychologie (Abb.27,28)

In Abschnitt BI1.4.2 ging es um die Verhaltensbeschreibung im physikozentrischen Weltbild. Mithilfe einer Computermetapher entlarvten wir die materialistische Verhaltensintervention als "Defektansatz", der den Mitmenschen zum unmündigen Objekt degradiert, weil er von vornherein die rational-intentionale Ebene des Mitgeteilten hinterfragt und reduziert auf Systemniveau oder gar materiell-energetisches Niveau. An vielen Stellen dieser Erörterung konnte gezeigt werden, daß der Defektansatz das Fremd- und Selbstverständnis der Menschen wie eine Epidemie befällt und weltanschauliche Universalität erreicht. Durch die psychologische Defektintervention und die Interpretation allen Verhaltens als letztlich biologisch reduzierbar erhält der Psychologie-Konsument ein reichhaltiges Angebot an Rationalisierungen und Attributionsvorschlägen für seinen Zustand. Die rationale Beschäftigung mit diesem Zustand kann die eigentlichen Probleme von der Bewußtseinoberfläche verdrängen und funktionell autonom werden: es ist eine Lust zu wissen, warum man so ist, wie man ist, weil diese Selbsterkenntnis generell entschuldigt. Wir haben gesehen, daß diese wissenschaftliche Absolution nicht frei macht, auch wenn sie humanistisch auftritt. Die den Verfahren innewohnende Logik bleibt nicht stehen bei der Diagnose des Defizits. Das nicht selbstverschuldete Defizit im individuellen Schicksal (Schuld als Fiktion!) verpflichtet die Gesellschaft zur Tilgung. Dazu gehören auch bisher blockierte

Psychologie konventionell:

INTERVENTION

im physiko-zentrischen Weltbild

REDUKTION

DEFEKTSTANDPUNKT

Der Eingriff für Diagnose und Therapie geschieht unter dem

Reparaturaspekt

Kognitionen als Umwege (Überbau)

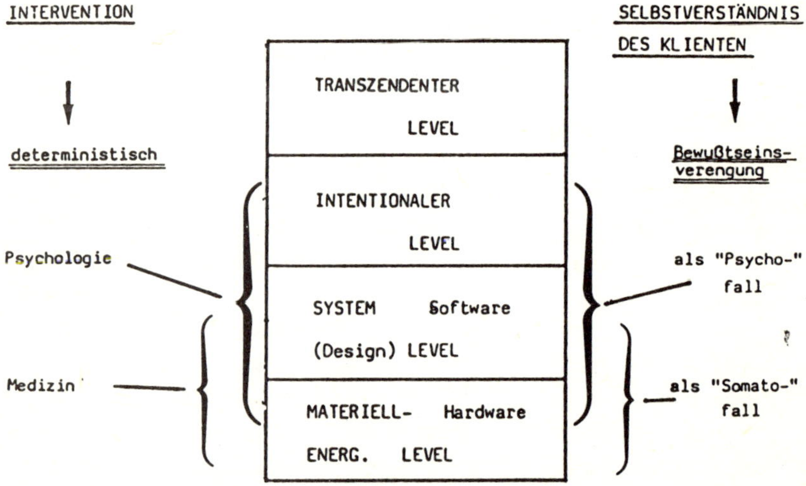

Tendenz zu kausal-deterministischen Erklärungen und Prognosen

im "HARDEN" MATERIALISMUS

behavioristisch - psychodynamisch

↓

Änderungen an Motivation u. Lerndynamik

↔ fließender Übergang

im "SOFTEN" MATERIALISMUS

über den Umweg kognitiver Umstrukturierung

↓

Änderungen am Design

Abb.27

INTERVENTION

in der Christlichen Psychotherapie

CPT

VERVOLLSTÄNDIGUNGS -

HEILSSTANDPUNKT

Eingriff für Diagnose und Therapie geschieht unter dem Heilsaspekt

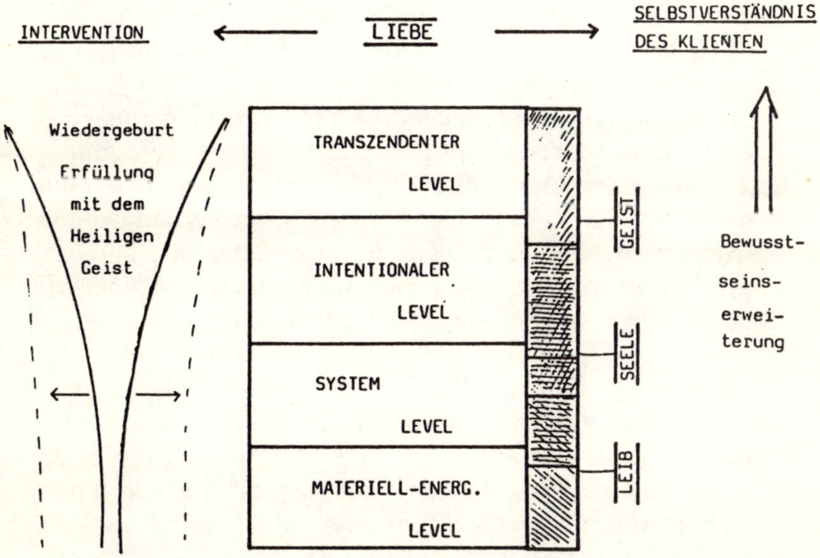

Erklärung, Prognose und Intervention setzen im transzendenten Bereich an

Änderungen am System-Level (psychotherapeutisch) oder am materiell-energetischen Level (z.B. medizinisch) sind als Hilfen zu verstehen.

In erster Linie werden direkte Veränderungen im transzendenten Bereich angestrebt:

- Heilsschritte
- Lösen von Belastungen
- Segnung und Gebet

Abb.28

Entwicklungsmöglichkeiten, dazu gehört das (Natur-) Recht auf Selbstverwirklichung. Die Solidarität in der Gesellschaft ist zurückzunehmen auf jenes Optimum an wechselseitiger Toleranz, das insgesamt ein Maximum an Lust garantiert – so daß im Idealfall alle okay sein dürfen.

Auf diese Punkte sind wir mehrfach eingegangen. Sie sollten in dieser zusammenfassenden Diskussion nur noch einmal in Erinnerung gerufen werden. Die Philosophie der psychologischen Intervention entspricht ziemlich präzise dem Menschenbild der gefallenen Schöpfung und des Antichristen. Der Mensch versteht sich aus dem Fleisch heraus und handelt letztlich nach den Bedürfnissen des Fleisches. Im Zentrum all seiner Bemühungen steht das eigene Ich, auch wenn das Bedürfnis nach Macht und sozialer Anerkennung manchmal das Interesse am anderen vordergründig erscheinen läßt, zumindest ist das die erklärte Zielvision des Humanismus – eine Religion des Menschen für den Menschen, zur Verherrlichung des Menschen, eingebettet in dieses Leben, das ein Ende hat, und das daher auszuschöpfen ist nach Lustgewinn jeder Art, nicht nur körperlich, sondern auch geistig-kulturell.

Das christliche Menschenbild begreift den Menschen als ein primär geistiges Wesen aus der Transzendenz heraus, das Ebenbild Gottes, gefangen in einer Materialität, die es zu überwinden gilt. Diese Überwindung ist nur möglich durch die Ausrichtung unserer Existenz auf Gott hin, auf den (einzigen) Weg, den Jesus vor uns und für uns ging und den die Gnade für uns offenhält.

Eine christlich psychologische Intervention hat immer das Ziel, die Menschen auf diesen Weg zu bringen und ihnen auf diesem Weg behilflich zu sein.

Dieser Weg beginnt mit der Wiederherstellung unserer geistigen Person, mit der Rehabilitation unserer transzendentalen Existenz, der Wiedergeburt, und setzt sich fort als geistige Durchdringung aller Schichten unserer Persönlichkeit und Ausrichtung auf Gott hin. Die Intention für diese Wiederherstellung muß von uns ausgehen, als Folge einer Einsicht in die Notwendigkeit dieses Schritts und einer freien Entscheidung für seine Durchsetzung. Die Möglichkeit zu dieser freien Entscheidung – für oder gegen Gott – ist bereits Manifestation der Transzendenz des Geistes in unserer fleischlichen Existenz, die Gnade Gottes, die diese Öffnung zum Licht hin in jedem Menschen installiert, uns aber die konkrete Entscheidung überläßt.

Die Materialität des Fleisches, die uns umfängt, ist jedoch in der Lage, diese Öffnung zur Transzendenz zu verstellen, insbesondere, wenn unser Selbstverständnis aus den organismischen Niveaus unserer Person gespeist wird, und unser Bewußtsein eingeengt ist auf die Unentrinnbarkeit unserer Triebdynamik. Eine durch die christliche Position verwandelte und erleuchtete Psychologie besitzt eine vorzügliche Kenntnis vom Mechanismus dieser Selbstverstümmelung und Techniken, die Barrieren, die diesen circulus vitiosus in Fluß halten, transparent zu machen. Dies gilt sowohl für die Unterstützung evangelistischer Bemühungen, als auch für Hilfestellung auf dem Wege zu Heilung und Heiligung, also generell für "Seelsorge" jeder Art.

Christliche Psychotherapie versteht sich als professionelle Seelsorge. Sie reicht von der bloßen Beratung in psychologischen Problemfällen über die Behandlung von psychischen und psychosomatischen Erkrankungen bis zur psychotherapeutischen Begleitung medizinischer Interventionen. Ziel ist dabei nicht in erster Linie die Heilung der Person in einem nur medizinisch-psychotherapeutischen Sinn, sondern das Heilwerden der gesamten Person als Wiederaufrichtung unserer geistigen Existenz in Gott. Das Gelingen dieses Prozesses ist auch die Basis für die Heilung psychischer und körperlicher Leiden. Christlich-psychotherapeutische Intervention versteht sich vordergründig als Bestandteil christlichen Handelns in der Liebe zum Nächsten. Erklärungen und Prognosen werden grundsätzlich getragen von einfühlendem Verstehen. Ziel der Intervention ist die Vorbereitung bzw. die Unterstützung von wesentlichen Schritten in der persönlichen Heilsgeschich-

te des "Klienten", generell eine "Bewußtseinserweiterung" um die Dimension unserer transzendentalen Ebenbildlichkeit zu Gott.
Auf diesem Weg ist die Einbindung des Klienten in eine lebendige christliche Gemeinschaft oder Gemeinde unverzichtbar, da ein "funktionstüchtiger" Christ nur in einer christlichen Gemeinschaft entstehen kann. Wie die Christliche Psychologie, so ist auch die Christliche Psychotherapie streng orientiert an der "Axiomatik" der biblischen Botschaft. Diesen zentralen Sätzen unserer Wissenschaft entsprechen in vielen Fällen Erkenntnisse der säkularen Psychologie. Das heißt, die wissenschaftliche Erkenntnis bestätigt die biblische Wahrheit (wie wir es generell erwarten). Aber auch dort, wo dies nicht oder noch nicht der Fall ist, bleibt für uns die biblische Aussage unhinterfragt stehen. Das gilt vor allem im Bereich von normativen Feststellungen, die in die christlich-psychotherapeutische Intervention als Handlungsrichtschnur auf absoluter Vertrauensbasis eingehen, teilweise erkenntnismäßig abgemagert zu bloßen Gehorsamsschritten.

Mit der Rolle von Normen und Werten in der konventionellen Psychologie und in der Christlichen Psychologie beschäftigt sich der folgende Abschnitt.

CIV

Intersubjektivität und Werte Vergleichende Betrachtung von Konventioneller Psychologie und Christlicher Psychologie

Ein Mistkäfer begegnet einem Tausendfüßler und betrachtet mit Hochachtung dessen wohlgeordnete, rhythmische Beinarbeit. "Sag mal, lieber Tausendfüßler, wie machst du das eigentlich, daß das mit deinen vielen Beinchen so herrlich klappt?" fragt der Mistkäfer. "Tja", antwortet der Tausendfüßler geschmeichelt, "das habe ich bisher noch nicht ausreichend studiert. Ich werde mich gleich mal beobachten".
Tut es und sieh' da, es entsteht ein heilloses Durcheinander der Beinchen. Der Körper bewegt sich rückwärts und seitwärts und schließlich beides zugleich und verharrt in hilflosem Strampeln.

Hier ist die Tierfabel an ihrem traurigen Ende. Wir wollen sie jedoch noch ein Stück weiterspinnen: Es ist zu vermuten, daß sich der Tausendfüßler von der Mistkäferfrage nicht so schnell erholt, und daß ihm das Stigma des Ataktikers bleibt. Der Mistkäfer eilt verstört von dannen und macht es sich zum Gebot, nie die Bewegungstüchtigkeit seiner drei Beinpaare zu hinterfragen. Genau diese Naivität hat der Tausendfüßler ein für alle Mal preisgegeben. In einem einzigen Augenblick hat er seine epistemische Unschuld verloren und kämpft fortan mit der fixen Idee, alles was in ihm und mit ihm geschieht auch erklären zu müssen. Er wird vermutlich beim Tierpsychiater landen, der mit Neuroleptica seinen cerebralen Erregungszustand lindert. Seine Ataxie kann er nunmehr erleichtert der

Medikation zuschreiben.
Die Tausendfüßlergeschichte ist eine didaktische Brücke, um dem Psychologiestudenten zu erläutern, daß Intelligenz bei "niedrigeren", d.h. bei automatisch, ablaufenden oder bereits automatisierten Verhaltensweisen als "Störung" auftritt. Automatisierungen sollen unser Bewußtsein entlasten, freimachen für "höhere" Aktivitäten. Das Eindringen der Erkenntnis in diese Bereiche zerstört Selbstverständlichkeiten und schafft Probleme wo "natur"-gemäß keine sind.

Diese Gesetzlichkeit läßt sich immer dort beobachten, wo Menschen beginnen funktionierende Verhaltensregulative rational aufzuweichen, zu hinterfragen, zu problematisieren. In vielen Fällen mag das sicher gerechtfertigt sein, wenn es um Vorurteile oder eingefahrenes Fehlverhalten geht. Die Erklärungswut hat jedoch die Tendenz sich zu generalisieren und keinen Unterschied zu machen zwischen Bewährtem und bloßen Stereotypien.
Die Tausendfüßlermetapher für den "modernen Menschen" ist daher nicht überstrapaziert.

Als Christ könnte man sogar noch tiefschürfender werden. Ist nicht die Mistkäferfrage von einer gewissen Ähnlichkeit zur Aufforderung der Schlange im Paradies? Wenn du nur willst, so kannst du alles wissen. Ist nicht die Erkenntnis von Gut und Böse verbunden mit dem Verlust der Urselbstverständlichkeit, des blinden Vertrauens auf Gott, den Schöpfer? Der Mensch macht sich fortan Gedanken über die Normen, denen er gehorchen will. Verschiedene Gruppen kommen dabei zu verschiedenen Ergebnissen. Die Anerkennung des eigenen Systems wird von den anderen jeweils erwartet oder mit allen Mitteln der Argumentations- oder Kriegskunst erzwungen. Die philosophische Weisheit vom "Kampf" als dem "Vater aller Dinge" (Heraklit) beginnt ihren Marsch durch die Generationen bis hin zu Darwin, der sie zum Naturgesetz glorifiziert. Darwin stellt damit die Weichen für das künftige Selbstverständnis der Menschen. Er formuliert den kleinsten gemeinsamen Faktor aller "Weltanschauungen". Er projiziert die sozialen Regulationsmechanismen der gefallenen Menschheit in die Natur und empfängt diesen Anthropomorphismus von dort wieder als "Struggle for existence" und "Survival of the fittest". Zu allem dann noch die "Einsicht", daß der Mensch als Überaffe in erster Linie seiner biologischen Existenz frönt, gepaart mit der Freud'schen "Erkenntnis", daß Kultur nur verdrängte Sexualität ist und/oder der marxistischen von der Kultur als Auswurf der Produktionsverhältnisse. Nur einige markante Punkte auf dem Wege zu einer Vereinheitlichung der menschlichen Normensystems zu einer "Naturmoral" – sprich naturwissenschaftlich oder überhaupt wissenschaftlich begründeter Moral. Um eine lange Geschichte kurz zu machen: Der moralischen Pluralität in der menschlichen Gesellschaft ist abzuhelfen durch eine saubere wissenschaftliche Deduktion von Verhaltensregeln nach den Kriterien der Nützlichkeit für den Einzelnen und für alle. Konsequenterweise können dabei nur Regeln akzeptiert werden, deren Funktionalität wissenschaftlich erhärtet ist.

Alle Regeln, bei denen das nicht zu sichern ist, sind überflüssig und zumeist entlarvt als Unterdrückungs- respektive Manipulationsmechanismen, ausgehend von Teilgebilden der menschlichen Gesellschaft, mit dem Fachterminus: Repressionen. Die moralische Sollverpflichtung wird in dieser Sichtweise zur Wenn-Dann-Aussage, der Respekt ihr gegenüber als Gehorsam, zur Einsicht in die Notwendigkeit, daß das Resultat der Dann-Komponente nur über die Bedingung der Wenn-Komponente erreichbar ist. Die moralische Autorität des Gesetzes wird reduziert auf seine (wissenschaftliche) Rationalität.

Der Normendisput verlagert sich zunehmend auf die Ebene der wissenschaftlichen Expertenauseinandersetzung. Natürlich bleibt auch hier – wie gehabt – die Übereinkunft eine Angelegenheit von Durchsetzungsstrategien. Relativ einig ist man sich jedoch im Weglassen won Moralvorstellungen, wie sie insbesondere durch die christliche Tradition im Bereich von Erziehung, Sexualität und Familie gepflegt wurden. Die

Selbstverständlichkeiten auf diesem Gebiet wurden in zunehmendem Maße "hinterfragt". Da die Wissenschaft nicht in der Lage ist, für dieses komplexe Systemgeschehen im Einzelnen und in der Gesellschaft befriedigende Wenn-Dann-Normierungen zu finden, denen man generell zustimmt, wird der gesamte Bereich der sozialen Beziehungen in zunehmendem Maße der "Freizügigkeit" überlassen – leben und leben lassen – ich bin o.k., du bist o.k.!

Abtreibung und "aktive Sterbehilfe" sind der Anfang einer neuen Moralität, die in einem ständig wachsenden sozialen Areal alles erlaubt, bis auf das Errichten von verbindlichen Normen; aus dem Gebot der Rationalität heraus, das nicht viel mehr ist als die Blindheit gegenüber sozialen Entwicklungen. Dissidenten gegen diese neue Moral werden – noch – als konservative oder religiöse Fanatiker eingestuft. In nicht allzu ferner Zeit wird sich ihre Behandlungsbedürftigkeit als rational erforderlich erweisen.

Die moderne Psychologie trägt die Hauptlast der Verantwortung für diesen Werteschwund in unserer Gesellschaft. Hat eine Christliche Psychologie überhaupt eine Chance "unhinterfragte" Werte zu etablieren, wo das Terrain beherrscht wird von rational legitimierter Zügellosigkeit?

– Ja, sie hat – weil der Mensch in seinem innersten Wesen diese Zügellosigkeit ablehnt – weil der sittliche Kodex der Bibel für das menschliche Wesen optimale Regulative formuliert

– weil die materialistische Verniedlichung des Bösen als ungebremste Vitalität im Selbsterleben des Menschen nicht nachvollzogen wird!

Ja. sie hat

– wenn sie die negativen Konsequenzen der neuen Moral in eindringlicher Weise transparent werden läßt

– wenn sie zeigen kann, daß die biblisch begründeten Verhaltensregeln nicht nur willkürliche Disziplinierungsmaßnahmen zur Erzwingung von Gehorsam sind, sondern auf das Wesen des Menschen zugeschnittene optimale Wenn-Dann-Normierungen, deren Gültigkeit erfahrbar ist

– wenn sie plausibel macht, daß die menschliche Existenz wesentlich eingebettet ist in ein transzendentales Geschehen mit den absoluten Determinanten Gut und Böse!

Dazu einige Bemerkungen, für deren Verständnis wir etwas weiter ausholen müssen: Empirisch-wissenschaftliche Aussagen sind gewöhnlich Wenn-Dann-Aussagen oder mühelos in solche überführbar.

Sind sie allgemein, d.h. anwendbar auf eine ganze Reihe von vergleichbaren Situationen, so spricht man von "theoretischen Sätzen". Der Gehalt dieser Sätze ist gewöhnlich nicht direkt mit der Wirklichkeit konfrontierbar. Er muß erst "operationalisiert", d.h. in konkrete Handlungsanweisungen übersetzt werden, die seine Realisierbarkeit im empirischen Bereich erweisen oder widerlegen. Für jeden theoretischen Satz gibt es unendlich viele mögliche Operationalisierungen, d.h. Situationen, in denen man die in ihnen formulierten Wenn-Dann-Beziehungen herzustellen versuchen könnte. Die theoretischen Sätze selbst sind oft induktive Verallgemeinerungen von Beobachtungen oder auch Deduktionen aus theoretischen Vorstellungen oder einfach Grundannahmen des "gesunden Menschenverstands", die man als Axiome oder Postulate zunächst einmal ungeprüft stehen läßt.
Theoretische Sätze sind im Prinzip nie verifizierbar, d.h. in ihrem Wahrheitsgehalt ein für alle Mal bestätigbar. Sie können durch gelungene Realisationen nur "gestützt" werden. Sie sind aber auch nicht falsifizierbar (wie Popper meinte). Mißlungene Realisationen sind, insbesondere im Verhaltensbereich, immer auch durch Störeinflüsse aus einem komplexen Variablengeflecht erklärbar (Exhaustionsprinzip nach Holzkamp).

Theoretische Sätze besitzen lediglich einen "Geltungsanspruch", der immer wieder neu einzulösen ist. Sie müssen also als verallgemeinerte, abstrakte, Handlungsanweisungen aufgefaßt werden, um für die Wirklichkeit relevant zu sein.
Aussagen empirischer Wissenschaften streben so im Idealfall meist an, Normen unseres Handelns zu sein, manchmal bereits mit nachgewiesenem Erfolg, manchmal nur potentiell, hypothetisch, noch uneingelöst. Allerdings ist dieses Handeln oft sehr weit weg von dem, was uns praktisch interessiert, für unser eigenes Leben und unsere persönlichen Ziele. Es ist oft nur ein Handeln im Bereich wissenschaftlicher Studien unter eingeschränkten Laborbedingungen oder in mehr oder weniger künstlichen Situationen.
Nur die angewandte Wissenschaft verlangt Interventionen in konkreten Situationen, was sicherlich mit Recht als ihre eigentliche Bewährung betrachtet wird. Gerade die wissenschaftliche Anwendung nun offenbart in desillusionierender Weise eine fundamentale Schwäche unseres Denkens und unseres wissenschaftlichen Vorgehens. Wir haben zwar mitunter präziseste Detailkenntnis über die Verursachungszusammenhänge isolierter Faktoren der komplexen Wirklichkeit, die holistische Struktur der Wirklichkeit selbst bleibt uns dabei jedoch weitgehend verborgen, auch wenn wir sie prinzipiell in Rechnung stellen, auch wenn wir Mithilfe von systemtheoretischen respektive kybernetischen Ansätzen oder sogar Computersimulationsstudien versuchen, approximative Systemlösungen zu finden.
In relativ einfach strukturierten Bereichen gelingt das mitunter. Eine ganze Palette von Negativbeispielen zeigt uns jedoch, daß uns offenbar das Instrumentarium für die Bewältigung von Komplexität schlechthin abgeht. Schon bei längerfristigen Wetterprognosen wird ein doch offensichtlich von ausschließlich bekannten Naturgesetzen bestimmtes System des Weltwettergeschehens unkalkulierbar. In noch höherem Maße erleben wir dies bei der Vorhersage von wirtschaftlichen oder gesellschaftlichen Entwicklungen. Ganz zu schweigen von der Prognose individuellen Verhaltens. Intervenie-

rende Beeinflussung wird daher immer zum Hasardspiel. Selbst wenn bestimmte gewünschte Effekte erzielt werden, ist ein ganzer Katalog von unerwünschten Systemreaktionen zu konstatieren oder zu verdrängen. Medizinische Interventionen auf naturwissenschaftlicher Basis sind dafür ein berüchtigtes Beispiel, aber auch monetäre Eingriffe in Finanzmärkte oder Beschädigungen des ökologischen Beziehungsgeflechts in unserer Umwelt.

Ist dieses Bewältigungsdefizit rein quantitativer Art als ein Noch-zu-wenig an bekannten Faktoren oder Faktorenbeziehungen, ein Noch-zu-wenig an Systemtypologie und -theorie oder handelt es sich hier um eine qualitative Andersartigkeit unserer wissenschaftlichen Strategien? Es ist sicherlich beides.

Hinzu kommt aber eine methodologische Headline, die eine angestrebte Systemtransparenz utopisch werden läßt: Die Wirkungsweise von Faktoren läßt sich – in allen Wissenschaften – nur befriedigend erfassen unter den Isolationsbedingungen des klassischen Experiments, also in einer restringierten, antisystemischen Umgebung. Die Frage ist, ob sich ein komplexes System aus diesen Elementen letztlich synthetisieren läßt. Es hat eher den Anschein, als ob der Weg dorthin wieder einer jener Umwege ist, die uns unsere "linkshemisphärische" Überheblichkeit als einzig gangbar erscheinen läßt. Es hat zu allen Zeiten Personen gegeben, die das Richtige taten, ohne im einzelnen angeben zu können, warum, welche die Demut besaßen, sich der Verbindlichkeit eines Schlusses anzuvertrauen, der ihnen in seinen Einzelschritten verborgen blieb. Wir nennen so etwas Intuition, Eingebung, Inspiration. Es hat zu allen Zeiten Erfahrungen und Traditionen gegeben, die unhinterfragt und mit Erfolg angewendet und weitergegeben wurden.

Es hat zu allen Zeiten Einsichten und Weisheiten gegeben, die nicht über den Verstand ermittelt und vermittelt wurden, sondern über eine bestimmte Haltung der Bereitschaft und des Sich-öffnens.

Unser "Erkenntnisorgan" ist eben selbst ein komplexes System und es ist offenbar in der Lage komplexes Geschehen zu repräsentieren und für Interventionen verfügbar zu machen, ohne für eine Metaanalyse durch unseren Verstand zugänglich zu sein.
Hier fällt uns wieder das Verhängnis unseres Tausendfüßlers ein, der sein reibungsloses Funktionieren problematisierte und verspielte. Unsere Rekonstruktionen der Wirklichkeit geraten in die Nachbarschaft von Notunterkünften, die unser Denken beziehen mußte, als es aus dem Paradies der Selbstverständlichkeiten vertrieben wurde. Im Schweiße unseres Angesichts sind wir immer noch bemüht uns die Erde untertan zu machen und mit der Lösung eines Problems hundert neue zu schaffen. Aber ist es nicht im Grunde die prometheische, die faustische Haltung, die nach letzten Ursachen und lückenlosen logischen Ketten Ausschau hält, die sich nicht zufrieden gibt mit der un-"verstandenen" Bewältigung von Problemen, sondern immer und überall restlose Auf"klärung" fordert? Ist dieses krampfhafte Festhalten am analytischen Modus unseres Denkens nicht die andere Seite der Rebellion, es genauso wissen zu wollen wie Gott?
Oder wollen wir uns vielleicht damit zufrieden geben, daß wir es bereits können, wo wir uns nach dem Herstellerhandbuch, der Bibel, ausrichten? Wir Christen vertrauen darauf, daß in diesem Manual ein vollständiger Kodex von gesetzesartigen Aussagen verankert ist, der unser Verhalten in idealer Weise zu regulieren vermag, wenn wir uns seiner Gültigkeit nicht verschließen, d.h. bereit sind, die Regeln in konkreten Situationen anzuwenden. Zum Teil handelt es sich dabei um Regeln, deren Vernünftigkeit uns nicht unmittelbar (d.h. verstandesmäßig) zugänglich ist, weil die Wurzeln ihrer Rechtfertigung in der Transzendenz verborgen sind, aber oft auch einfach, weil es sich um holistische Systemregeln handelt, deren Wirkungsweise für ein linear-kausales Denken uneinsichtig bleibt. In solchen Fällen der Unableitbarkeit biblischer Regulative genügt uns die Gewißheit ihrer göttlichen Herkunft als Garant für ihre uneingeschränkte Wahrheit. Aufgabe einer

Christlichen Psychologie könnte es sein, die Fülle der biblischen Informationen und Empfehlungen über den Menschen und seine Beziehungen zu Gott und den Mitmenschen nach brauchbaren psychologischen Gesichtspunkten zu ordnen und wenn nötig durch psychologische Termini zu explizieren respektive zu präzisieren – nicht weil die teilweise metaphorische Sprache der Bibel unverständlich oder unzeitgemäß wäre, sondern viel eher um die massive Verhaltensrelevanz des biblischen Befundes auf die etablierte Sprache des Verhaltens herabzubrechen. Wissenschaftstheoretisch gesehen entsteht dabei nichts anderes als ein System theoretischer Sätze mit Geltungsanspruch. Diese Sätze haben zudem normativen Charakter, weil sie vorgeben, die geistigen, seelischen und leiblichen Bedürfnisse des Individuums und gleichzeitig der Gesellschaft in optimaler Weise zu regeln und aufeinander abzustimmen.
Aus den vorstehenden Erörterungen konnten wir entnehmen, daß im Prinzip jede konventionelle Erfahrungswissenschaft diesen Status ihres theoretischen Gefüges anstrebt. Und daß es dabei zunächst nicht auf die Herkunft der theoretischen Sätze ankommt.

Das theoretische Gefüge der Christlichen Psychologie präsentiert sich als Abbildung einer erheblich umfangreicheren Wirklichkeit im transzendenten und wahrnehmbaren Bereich und als vereinbar mit den uns zum großen Teil unzugänglichen Beziehungen in dieser Hyperwelt. Eine darauf basierende christlich-psychologische Intervention ist daher systemisch in einem Maße wie es im konventionellen Rahmen auch nicht ansatzweise erreicht wird (aus weltanschaulichen, wie erkenntnistheoretischen Gründen).
Theoretische Sätze der Christlichen Psychologie besitzen wie die Sätze der Konventionellen Psychologie einen Geltungsanspruch, der empirisch einzulösen ist. Die empirische Relevanz einer theoretischen Behauptung (Empfehlung, Norm) kann nur über ihre Operationaliserung erfahren werden.
Operationalisieren heißt aber, eine Situation konkret herzu-

stellen, die im theoretischen Satz gemeint ist und zu überprüfen, ob die dort behauptete begriffliche Verknüpfung realisiert werden kann. Oder einfach sich in einer realen Situation entsprechend einer theoretischen Norm zu verhalten, die "Wenn-Komponente" zu installieren, um zu sehen ob die "Dann-Komponente" resultiert. Das ist die nüchterne Beschreibung dessen, was jeder Christ praktiziert, um Erfahrungen über die Gültigkeit der göttlichen Zusagen zu machen, die biblische Wahrheit zu prüfen und einzulösen.

Aufgabe der Christlichen Psychologie kann es sein, diese Erfahrungen zu sammeln und zu systematisieren, ja sogar aufzubereiten mit dem wirklich vorzüglichen Inventar der verhaltenwissenschaftlichen Methodik.

Wenns manche auch intellektuell verpackt brauchen, so wird der eigentliche Gültigkeitserweis der göttlichen Wahrheit doch immer die individuelle Erfahrung bleiben. Den Zugang zu dieser Erfahrung finden aber nur jene, die sich dem gesamten Umfang der biblischen Wahrheit öffnen und eine Beziehung zu Jesus aufzunehmen bereit sind. Wie wir zeigen konnten, bedeutet aber auch dieses keine Einschränkung wissenschaftlicher Gediegenheit, da die Akzeptanz eines jeden wissenschaftlichen Systems die positive Entscheidung eine Reihe von weltanschaulichen Vorfragen impliziert.

Auch bei der Handhabung intersubjektiver Verbindlichkeiten und der Etablierung von Normen und Wertsystemen verfährt eine Christliche Psychologie wie konventionelle Wissenschaften.

CV

Der wissenschaftliche Rahmen der Christlichen Psychologie – Zusammenfassung

Wodurch unterscheidet sich nun also eine Christliche Psychologie von der konventionellen Psychologie bzw. von empirischen Wissenschaften überhaupt?
Auch wenn es eine Christliche Psychologie explizit noch nicht gibt, so läßt sich doch jetzt schon feststellen, daß ihr wissenschaftstheoretisches Rahmenkonzept durch und durch empiristisch sein dürfte, ja sogar in vielen Punkten konsequenter wie im empiristischen Paradigma bisher praktiziert. So konnten wir folgendes herausfinden:

1. Individuelle Erfahrungen sind die Basis und letzte Instanz der Christlichen Psychologie wie aller empiristischen Wissenschaften.
   Wesentliches Anliegen einer Wissenschaft ist die Kommunizierbarkeit dieser Erfahrungen sowie ihre Systematisierung aufgrund der Übereinstimmung ihrer Anhänger (Konsensuskriterium) und der Einordenbarkeit in ein bereits bestehendes Inventar (Kohärenzkriterium).
   Die Christliche Psychologie erfordert eine Erweiterung des nur sensorischen Empiriekonzepts der konventionellen Psychologie. Erfahrungen entstehen nicht nur auf dem Wahrnehmungsweg. Eine diesbezügliche Einschränkung resultiert aus einem positivistischen Vorurteil!

2. Die Einräumung einer nichtsinnlichen, transzendenten Dimension im Erfahrungsbereich korrespondiert mit einer Erweiterung des menschlichen Selbstverständnisses in der Christlichen Psychologie. Diese relativiert insbesondere die Universalität des Kausalprinzips auf raum-, zeit- und materieabhängige Fakten. Die Interpretation von Verhalten geschieht eher in der Kategorie des Verstehens als des Erklärens.

3. Die transzendenten Anteile der Person sind zunächst auch das Ziel einer christlich-psychologischen Intervention. Im Vordergrund steht nicht die Korrektur eines Defekts, sondern die grundsätzliche Erneuerung des ganzen Menschen über eine Veränderung seiner Erfahrung.

4. Das Regelsystem für das Verständnis des Menschen und seines Verhaltens erhält die Christliche Psychologie aus einer wissenschaftlichen Aufbereitung (nicht Veränderung) der biblischen Botschaft zu theoretischen Sätzen. Diese Sätze repräsentieren einerseits das biblische Menschenbild in konzentrierter Form. Äquivalent dazu ist ein Katalog von normativen Wenn-Dann-Aussagen erstellbar, deren "Operationalisierung" und "empirische Überprüfung" im Rahmen eines normalen Christenlebens ständig vollzogen wird oder werden sollte.
   Eine systematische Aufarbeitung dieses "Erfahrungsmaterials" wird in der Christlichen Psychologie vorgenommen und unterscheidet sich in nichts von konventionellen Studien in "vollbiotischen" Situationen.

LITERATUR

Eccles, J, 1979. The Human Mystery. Springer-Verlag

Gazzaniga. M.S.. Ledoux. J.E. 1983. Neuropsychologische Integration kognitiver Prozesse. Stuttgart

Grof. S. 1985. Geburt, Tod und Transzendenz. München

Hofstadter.D.R,. Gödel. Escher. Bach, 1979. An Eternal Golden Braid. Sussex

Hübner, P. 1980, Einführung in die Methodenlehre der Psychologie. Darmstadt

Hübner, P. 1985, Metapsychologische Betrachtungen zu Toman's Motivationsmodell. in: Kagemann. W.I. u,a., Psychologie und komplexe Lebenswirklichkeit. Göttingen

Hübner. P. 1988, Ist Christliche Psychologie möglich. in: IGNIS-Journal, Zeitschrift für Christliche Psychologie. Therapie und Biblische Seelsorge, Heft 1

Hübner, P. 1988. Der Geist oder die Verzweiflung der Philosophen, in: IGNIS-Journal, Zeitschrift für Christliche Psychologie. Therapie und Biblische Seelsorge. Heft 2/3

Jung, C.G. 1975. Über Grundlagen der analytischen Psychologie. Frankfurt a.M.

Kant, I. 1956. Kritik der reinen Vernunft, Hamburg

Klass, L,J, 1983, Ursprung und Verbreitung der Erziehungspsychologie. Wiesbaden

Koestler. A. 1980. Die Armut der Psychologie, Bern' München

Lionni. P. 1983. Die Leipzig Connection. Wiesbaden

Ornstein, R.P, 1972. The psychology of consciousness. San Francisco

Piaget. J. 1973. Die Entwicklung des Erkennens. Bd. I.II.-III. Stuttgart

Ruppert. H.J. 1985, New Age – Endzeit oder Wendezeit? Wiesbaden

Stegmüller. W. 1970, Probleme und Resultate der Wissenschaftstheorie und Analytischen Philosophie. Bd.I. Berlin

Steinbuch. K. 1961. Automat und Mensch, Springer Verlag

Tart. C.T, 1981. Transpersonal Realities or Neurophysiological Illusions: Toward an Empirically Testable Dualism in: Metaphors of Consciousness, New York

Wimmer. H,. Perner, J, 1979. Kognitionspsychologie. Stuttgart.